Slavoj Zizek

ANTONIO JOSÉ ANTÓN FERNÁNDEZ

Slavoj Zizek, una introducción

Prólogo de Jorge Alemán

sequitur

sequitur [sic: *sékwitur*]:
Tercera persona del presente indicativo del verbo latino *sequor*:
procede, prosigue, resulta, sigue.
Inferencia que se deduce de las premisas:
secuencia conforme, movimiento acorde, dinámica en cauce.

© Ediciones sequitur, Madrid 2012

www.sequitur.es

ISBN: 978-84-15707-02-8
Depósito legal: M-34479-2012

Impreso en España

Índice

Prólogo

Jorge Alemán

La virtud principal del texto presentado por Antonio José Antón Fernández es no omitir y asumir hasta las últimas consecuencias el problemático lugar de Slavoj Zizek en el pensamiento contemporáneo. Poder captar ese lugar y discernir su ámbito implica recoger secuencias teóricas heterogéneas, captar la combinación sutil que Zizek efectúa con ellas e incluso admitir la violencia que Zizek ejerce sobre algunas de las construcciones en las que se inspira. Se trata en fin de aceptar como el propio Zizek se reescribe, se repite, se plagia, cambia bruscamente la orientación de su lectura y modifica en su raíz, a través de distintas escanciones, el sentido de una obra, de un texto, de un axioma, un evento político, una declaración histórica, una frase célebre, un eslogan, una película, una publicidad, una campaña electoral; pero, ¿quién es, desde un punto de vista teórico, este "performer", que sin haber elaborado su propio discurso filosófico, se ha vuelto el interventor, "el más uno excepcional", que opera sobre el paisaje intelectual contemporáneo organizando una lectura retroactiva, donde se cambian los acentos y el sentido original previsto por el propio texto analizado? De este modo, quedan interpretados los textos de la tradición moderna pero en la mayoría de los casos quebrando su sentido explícito. Entonces, ¿quién es Slavoj Zizek en el pensamiento del siglo XXI? Sin pretender agotar este interrogante, el texto de Antonio José Antón Fernández se aproxima a la respuesta con una claridad y exhaustividad ejemplares.

Apuntemos algunos de los rasgos distintivos de este teórico inusual, que en sus decisiones cambiantes pero siempre comprometidas se nos releva en su deseo de un idioma filosófico nuevo. De esta forma, Zizek se presenta como:

1) El que ha asumido hasta las últimas consecuencias lo que implica pensar después de Heidegger y el fin de la filosofía. Por tanto, para Zizek, será esencial establecer la distancia pertinente con respecto a Heidegger, separándose especialmente de su retórica patética y resignificando políticamente "el acontecimiento propicio" que la filosofía histórica en su modulación metafísica no puede pensar.

2) El que ha decidido reescribir y reformular distintos problemas del marxismo clásico: el fetichismo de la mercancía, la ideología, la lucha de clases, Lenin, el Comunismo, las relaciones sociales de producción... en un nuevo "materialismo", un materialismo de lo Real tal como lo entiende Lacan en su enseñanza y lo ha tematizado y elaborado su discípulo Jacques Alain Miller. Agreguemos que se trata de un materialismo que se corresponde con las modalidades lógicas de lo contingente y lo imposible y que, por tanto, cuestiona el par "necesario-posible".

3) El que ha resuelto separar a la filosofía del Discurso Universitario, ese discurso que produce sujetos cuya posición se caracteriza por mantener la represión del *significante amo*, encubierto en el régimen de circulación del Saber.

4) El que ha recogido todos los momentos privilegiados del Idealismo alemán, en particular Hegel, para pasarlos por la criba lacaniana y obtener una versión renovada de la tradición idealista, donde la razón y sus "excesos" constitutivos no se resuelven ni se orientan hacia una reconciliación final.

5) El que al modo del psicoanalista desjerarquiza radicalmente la lengua, para que entonces merezcan la misma dignidad un término alemán de la gran tradición intelectual, una secuencia de una película de Hollywood, la reiteración de una matriz fantasmática en autores diversos, el fetichismo oculto de las declaraciones "post-ideológicas" que dominan el espacio mediático y, por último, las distintas coartadas de la toleración pseudoprogresista. Zizek escribe mientras escucha una lengua que le habla por fuera de todo metalenguaje estratificado.

6) El que ha irrumpido con toda su fuerza en el debate post-marxista polemizando, a veces con hostilidad, otras con ambigüedad calculada, con Ernesto Laclau, volviéndose progresivamente un seguidor incondicional, un comentador crítico (ambas cosas al mismo tiempo), un lector decidido de los sintagmas privilegiados de la sistemática filosófica de Alain Badiou.

7) El que cuestiona según las ocasiones los populismos "latinoamericanos" desde la lucha de clases y el anticapitalismo, el que muchas veces los apoya, a veces a Lula, a veces a Chávez, a veces a Evo, el que contradice todo esto y se vuelca a la "hipótesis comunista", el que defiende el "terror disciplinario" como elemento indispensable del acontecimiento emancipador, pero a su vez reconoce la "autonomía formal" del Derecho en contra de la hipótesis estalinista que pretende despachar la cuestión del Derecho sin más como expresión de la burguesía.

Todas estas secuencias, que guardan entre sí una tensión irreductible y que se presentan en este ensayista crispado, eléctrico, convulso, pero nunca cínico y siempre comprometido con las circunstancias que lo devoran, dan lugar a una escritura que muestra en su propia lógica interna que intenta cernir algo que se le sustrae y se le escapa irremediablemente. Una escritura que da testimonio de lo Real imposible, pero no como un afuera excluido sino como una "exterioridad íntima", una "extimidad" que Zizek produce con su texto atravesando el fantasma filosófico de la época.

Sin embargo, hay algo que impide que esta heterogeneidad argumental se disperse hacia la incoherencia. Hay una cuerda que por fin anuda el final de la filosofía universitaria, la renovación del materialismo, la lectura de los síntomas y fetiches ideológicos de la época y esa cuerda es la enseñanza de Jacques Lacan. Esta introducción de Antonio José Antón Fernández nos da cuenta de cómo ya no se trata de la Deconstrucción ni de la Escuela Crítica, ni de la Hermenéutica cuando llega la hora de pensar al sujeto en su relación con lo Real. Ha llegado la hora de Lacan para dar cuenta de un pensamiento que más que revolucionario es subversivo. Antonio José Antón Fernández examina las coartadas del Amo contemporáneo en sus empujes superyoicos al goce y la capacidad de regeneración que el Amo posee instalando las inercias de la servidumbre voluntaria.

Antón Fernández, por fin presenta en España una introducción a Zizek que, además de presentar su pensamiento sin ignorar las dificultades que lo constituyen, traza un itinerario, un diagnóstico de la época, que da testimonio de aquellas consecuencias por venir, cuando la fidelidad a una verdad igualitaria interrumpa el circuito utilitario y pragmático de la situación dominante.

Resulta complicado comenzar un libro sobre Slavoj Zizek sin recurrir al habitual desglose de calificativos que adornan desde hace años contraportadas de libros, entrevistas, reseñas e incluso películas dedicados a su figura. Si uno hojea sus primeros libros publicados en inglés, aparecerán prestigiosos avalistas como Terry Eagleton o Fredric Jameson, y si se revisa el cada vez más ingente número de reseñas o menciones, seguramente podrá leerse la rúbrica de muchos de los intelectuales más reconocidos.

De Zizek se han publicado ya decenas de monografías y tres documentales, e internet está literalmente saturado de conferencias y debates en los que, ya sea en serbio, esloveno, alemán, francés, inglés o italiano, Zizek polemiza con políticos, escritores, filósofos y periodistas: desde Julian Assange, Stephen Sackur o Amy Goodman, hasta Tariq Ramadan, Peter Sloterdijk, Bernard Henri-Lévy, Samir Amin, o Alain Badiou.

No cabe duda de que la irrupción y consolidación de Zizek en el campo intelectual global es profundamente anómala: partiendo de una relativa marginalidad, Zizek se afianza ahora en la posición preeminente que ocuparon antes que él filósofos como Derrida, Rorty, Sloterdijk o Habermas, desde luego, pero difícilmente puede decirse que tenga el mismo prestigio académico que ellos, ni el mismo tratamiento mediático que reciben otros intelectuales como podrían ser Eco o Henri-Lévy. El hecho de que desde los años noventa su compromiso con la tradición teórica marxista haya ido ampliándose, y que ya a mediados de la primera década del siglo XXI se declarase no sólo marxista, sino comunista, lo ha ido situando en un lugar muy peculiar, casi más fuera de lo que en la tradición anglosajona se suele llamar "la Academia" que dentro. Y sin embargo casi omnipresente en prensa, televisión e Internet.

Es por esto que, al menos por lo que su proyección actual permite pensar, quizás haya que situarlo más cerca de intelectuales como Sartre o Foucault, con los que comparte sin duda lo polémico de sus intervenciones públicas y compromisos políticos, así como los replanteamientos, pasos en falso y contradicciones que surgen inevitablemente de tales tomas de posición, cristalizando en una obra que, según se aleja en el tiempo, exige siempre una atención máxima a la coyuntura sociopolítica en la que se inscribe.

Como es natural, su obra ha suscitado numerosas críticas (en ocasiones acompañadas de numerosas acusaciones *ad hominem*[1]) y junto al repetidísimo elogio de Eagleton ("el más brillante teórico cultural aparecido en el continente en las últimas décadas"), se ha recordado a menudo que "corre el riesgo de escribir más rápido de lo que piensa"[2] o que "da la impresión de que más que concluir sus textos, simplemente se ha detenido";[3]

1. Taylor, Paul A., Introducción a *Zizek and the Media*, y Wood, K., *Zizek. A reader's guide*, p. 3 (vid. bibliografía al final del libro). Al margen de las acusaciones gratuitas, también ha habido numerosas descalificaciones indirectas, por ejemplo, como veremos más adelante, el hecho de incluir ab initio sus "patologías personales" en el análisis de su trabajo teórico. Ya en 1996 lo había querido dejar claro: "mi relación con Lacan es la clave para entender mi vida privada, no viceversa" ("*Liebe dein Symptom wie Dich Selbst!*" documental dirigido por Claudia Willke Katharina y Höcker, 1996).
Por abreviar, las citas de libros o artículos escritos por Zizek aparecerán mencionadas sólo por su título y página, remitiéndome para más detalles a la bibliografía en las páginas finales. Dada la escasa coincidencia entre las diversas ediciones de sus textos, en algunas ocasiones se citará directamente el texto "original", aun cuando exista una "versión" castellana disponible. Por esto mismo, salvo que se indique lo contrario, todas las citas serán en traducción o versión mía.
2. Kay, S. *Zizek: A Critical introduction*, p. 3
3. Sharpe, M. *Slavoj Zizek: A little piece of the real*, pp. 3-4, "interpretando" las palabras de Ernesto Laclau en su Introducción a *El sublime objeto de la ideología* (1989).

las críticas más incisivas destacan tanto contradicciones u "oscilaciones" en su propia elaboración teórica,[4] como la lectura *sui generis* de todos los pensadores que, más que "citar", podríamos decir que "invoca" en todos sus libros.

Numerosas han sido también las críticas acerca de cómo su "teoría no plantea amenaza alguna contra las relaciones de poder existentes" o que "pocas veces es consciente de las fuerzas institucionales y comerciales que actúan sobre él y hacen sus intervenciones posibles". A estas críticas respondía el mismo Zizek alegando que, si bien habría que reconocer la obviedad de que la cultura basada en la veneración de "celebridades intelectuales" es una manifestación natural de la mercantilización y la lógica individualista del capitalismo neoliberal, en lo que a su caso respecta, "las cosas no son tan simples":

Si ponemos aparte los signos de superficial y limitada "popularidad", y puesto que mi propia "popularidad" se destaca siempre por mis oponentes para socavar mi posición (filosofía-pop en vez de análisis serio), ¿cuál es mi status?

En la academia actual, la indicación principal de la posición que uno ocupa es la influencia que ejerce en las políticas de los departamentos y becas de investigación; quién será contratado, etc. En este dominio, mi influencia no sólo es mínima, sino incluso negativa (en un par de ocasiones, supe a posteriori que personas que me pidieron carta de recomendación no fueron contratadas precisamente por verlas asociadas a mi nombre). En comparación con otras orientaciones "radicales" o "críticas" (deconstruccionistas, foucaultianos, deleuzianos, habermasianos...), el poder institucional de los lacanianos es mínimo; no hay, hasta donde sé, ni un sólo departamento dominado por lacanianos en toda la academia anglosajona.

Respecto a la mercantilización e individualismo, quedo muy por detrás de gente como Habermas (el Staatsphilosoph de facto de la Unión Europea) o Toni Negri. En lo que respecta a las becas de

4. *Concesso non dato*, epílogo de Zizek al volumen colectivo *Traversing the fantasy*, p. 219 [víd. Nota 1]

investigación: nunca en toda mi vida obtuve una beca (ni tuve éxito a la hora de que un colega la consiguiera).

Y en lo que respecta al acceso a los medios y demás contactos, mi "giro leninista" me costó bastante caro (basta con mencionar el Verbot de facto en los periódicos y revistas alemanes, en los que no pude aparecer tras la conferencia sobre Lenin que organicé en Essen, en el año 2001).

De modo que, si se habla de poder institucional, lo único honesto sería destacar mi extrema marginalización: desde luego, disfruto de cierta visibilidad, y a menudo doy conferencias públicas, porque esto es todo con lo que cuento: no hay poder institucional alguno detrás.[5]

Sobre los mencionados "ataques *ad hominem*", en el mismo texto Zizek se queja de ellos en unas pocas líneas con las que cerramos la cuestión:

...la primera característica que debería destacarse, al menos, es la frecuente brutalidad de los ataques; todo vale, desde menciones a mi patología personal y afirmaciones de que mis textos no satisfacen ni siquiera los requisitos de un trabajo de licenciatura, hasta simples y llanas mentiras acerca de mis compromisos políticos. [...] La pregunta que habría que plantear aquí es: ¿por qué se me elige tan a menudo como blanco de ataques, sobre el que se pueden escribir cosas que en cualquier otro caso provocarían inmediatamente un indignado y políticamente correcto rechazo? Lo que me divierte es imaginarme a mí mismo osando tratar del mismo modo y en los mismos términos a otras figuras públicas de las ciencias humanas y sociales. ¿Puede imaginarse uno sinceramente cuál habría sido la reacción si yo fuera el que articulase hipótesis sobre las patologías personales de Judith Butler (¡amiga personal y desde luego excelente persona!) como parte de un análisis teórico de su trabajo?[6]

5. "With defenders like these, who needs attackers?", epílogo al volumen colectivo *The Truth of Zizek*, pp. 199-200.
6. *Ibíd*

Y es que, aunque no carezca de interés desde el punto de vista sociológico (en el sentido, por ejemplo, en el que Randall Collins ha analizado la historia de las escuelas filosóficas), no hay ya razones para seguir preguntándose por el "fenómeno Zizek", aunque sea sólo porque, a diferencia de hace diez años,[7] ahora es ya un autor demasiado consolidado como para no hacer el esfuerzo de tomarlo mínimamente en serio. Antes de evaluar la influencia e impacto de su obra, empieza a ser necesario despejar el camino para un estudio pormenorizado de esta, y si es el caso que un análisis de su posición emergente en la escena intelectual y política se considere pertinente, llegará el momento en que deba tenerse en cuenta no sólo un análisis superficial del engarce de "su estilo filosófico" con la industria cultural capitalista, sino también las *demandas políticas a las que responde su obra* y la notable respuesta por parte de los lectores de Europa, Latinoamérica, Estados Unidos o Australia.

Si buscamos una de las primeras referencias a Zizek en el mundo anglosajón, podemos encontrar una pequeña muestra, concentrada, de lo que ha supuesto tanto su figura como la recepción de su obra. En 1991, Jean-Jacques Lecercle publicaba una breve reseña, en la que presentaba el primer gran éxito de Zizek, *El sublime objeto de la ideología*, como una obra que rompía con numerosos mitos hasta entonces indestructibles: el de la *exclusividad* del psicoanálisis, destinado al consumo privado en círculos de terapeutas profesionales; la oscuridad de la obra de Lacan, o la imposibilidad de escribir un libro que llevara al lector "de la forma-mercancía en Marx y Freud al análisis del naufragio del Titanic, pasando por la comparación entre Hegel y Jane Austen, la teoría de la referencia en Kripke, la exis-

---

7. En 2004, Luis Roca Jusmet (revista *El Viejo Topo*, nº195-196), comentaba la ausencia de referencias y las pocas traducciones al castellano de la obra de Zizek. Ahora mismo el problema en España es el inverso: se roza ya la treintena de libros publicados y, sin embargo, duermen aún en un cajón (del que escribe estas líneas, entre otros muchos traductores) los que quizás sean sus mejores libros (ver bibliografía al final del libro). Hay que destacar que el artículo de Roca Jusmet es el primer comentario extenso de la obra de Zizek y una de las primeras referencias al autor esloveno en revistas de habla castellana, junto a los artículos de Nora Catelli o F. Castro Flórez.

tencia o inexistencia de los metalenguajes, por no mencionar las películas de Hitchcock y unos cuantos chistes".[8] Pero, para Lecercle, el primer mito que derrumbaba el libro era la idea de que "los filósofos del Este están desesperadamente empantanados en el cretinismo estalinista, y por tanto irremediablemente desfasados". El autor de la reseña despachaba el mito con una frase tan estrafalaria como la lista de referencias antes citadas: "Si Zizek está desfasado respecto a la filosofía contemporánea, yo soy el obispo de Ulan Bator".

Años más tarde, Zizek recordaría la reseña, y en un gesto habitual en él, aprovecharía para extraerle alguna utilidad teórica, en este caso dirigida a explicar un aspecto de la interpretación de los sueños en la obra de Freud:

> *Imaginemos ahora a un seguidor mío que, por su apego a mí, no puede admitir abiertamente, ni siquiera para sí mismo, que ha advertido algunas fallas serias en mi conocimiento de la filosofía contemporánea. Si este discípulo fantaseara con Lecercle vestido como el obispo de Ulan Bator, ello significaría sencillamente que considera defectuoso mi conocimiento de la filosofía contemporánea...*[9]

El acoso de las fantasías obispales

Como se ha dicho ya, existe actualmente una considerable cantidad de monografías dedicadas a Zizek,[10] pero, de manera

---

8. Lecercle, Jean-Jacques, reseña de "The sublime object of ideology" en el n.57 de la revista *Radical Philosophy*, 1991

9. *El espinoso sujeto*, n. 44, pp. 301-302

10. Entre las cuales, varias tesis doctorales a las que he podido tener acceso y que, por cierto, rompen con la tendencia hipercrítica que mencionaremos enseguida. Agradezco de nuevo a Niccolò Malinverno por compartir su trabajo y a un brillante joven esloveno, Simon, más conocido en todo el mundo virtual como "Mariborchan", que durante años mantuvo varias páginas web con material inencontrable, incluidas revistas y publicaciones eslovenas de los años 70. De su labor virtual ya no es posible encontrar nada, tanto por cuestiones de derechos de autor, como de sus propias -difíciles- vicisitudes personales.

significativa, apenas unas pocas se limitan a hacer una exposición detallada del pensamiento del filósofo esloveno antes de pasar al interfecto por las armas de la crítica. Desde el libro de Sarah Kay publicado en 2003, prácticamente la mayoría de publicaciones contenían la necesaria acotación: "*critical*". Desde luego es algo saludable, pero es un hecho que autores con la misma proyección global han suscitado una exégesis mucho más constructiva.

Esto, sin embargo, ha tenido un efecto positivo, y es que algunos de los textos más consistentes y explícitos de Zizek han aparecido como prólogos o epílogos a muchos de esos libros, en términos, por cierto, que dan buena cuenta de la opinión que le merecía la imagen que reflejaban de su propio trabajo teórico; basta mencionar dos títulos de esos textos, incluidos en sendas publicaciones colectivas sobre su obra: "*Concesso non dato*" y "*With defenders like these, Who needs attackers?*".

En estos textos Zizek lidia no sólo con lo que considera "malentendidos conceptuales" o "estrategias simplificadoras" sino muchas veces también con lo que parece considerar ataques de mala fe, o incluso injurias. Más adelante, en la introducción biográfica, se referirán algunas de ellas.

En este tipo de textos se intentarán apoyar las siguientes páginas, por supuesto junto al resto de bibliografía, y, en la medida de lo posible, respaldadas por la ingente cantidad de *ágrapha dógmata* que existe actualmente, en forma de videos y programas de radio.

Esto ejemplifica otro aspecto de la época singular que vivimos; nunca se ha podido monitorizar con tanto detalle el despliegue intelectual de toda una vida dedicada a la filosofía. No obstante, incluso en este contexto actual, el caso de Zizek sigue siendo excepcional por lo exagerado de su producción, y en principio podría suscitar la misma (velada) crítica que Hegel dirigió a Schelling en sus *Lecciones de historia de la filosofía*: que quizás haya desarrollado su filosofía demasiado a la vista de todos. Veremos también más adelante cómo responde Zizek a esta crítica.

Sin embargo, independientemente de lo que opine Zizek sobre cada uno de esos "malentendidos", un muro de dificultades se alza frente a cualquiera que intente abrirse paso por la jungla crítica e intente saber si, finalmente, Lecercle es un obispo perdido por las grandes avenidas de Ulan Bator.

Buscando guía en Mongolia

Más allá de los clichés,[11] la mayoría de autores reconocen que la obra de Zizek tiene un profundo alcance filosófico y político y que las dificultades que plantea su peculiar estilo no deben ser óbice para un estudio riguroso. Dicho sea de paso: su "estilo", en lo que respecta al adorno constante de problemáticas profundas con anécdotas personales, chistes y ejemplos extraídos del cine o la televisión, no deja de ser el grotesco reflejo especular del mismo estilo "comercial" de la ensayística anglosajona, siempre preocupada por mantener en vilo al lector y entretenerlo lo más posible; sea el contenido del libro una exposición de la teoría de la evolución o un análisis de los últimos avances en neurociencias. Sin embargo, al margen de cómo se vehicula el contenido hacia el lector, lo cierto es que, por lo que se infiere de las polémicas en las que ha participado, Zizek ostenta como mínimo la pretensión de poseer *una* teoría filosófica y política concreta. Ahora bien, ¿es esta coherente? ¿Es la aparente inconsistencia entre los ejemplos anexos a cada argumentación una fractura en la teoría o un error de apreciación por parte del lector?

A la hora de resumir todas estas dificultades, Molly Anne Rothenberg lo expresa con bastante acierto: "en lo que respecta a sus ideas sobre política y cambio social, hay demasiado y demasiado poco para elegir. Demasiado, porque todo lo que escribe tiene un filo político, y demasiado poco, porque no despliega su teoría de manera explícita y clara. La línea argumentativa es a

---

11. Taylor Paul A., *ibid.*, cita lo que considera "caricaturas... que ofuscan la seriedad que se esconde tras el humor perverso de Zizek": caricaturas como "el Elvis de la teoría crítica" o "Estrella del rock filosófica".

veces difícil de seguir. Un argumento, una vez reconstruido, siempre puede ser acusado de ignorar una afirmación, situada en algún lugar del corpus, que lo contradice".[12]

No es sorprendente que todos los autores a los que nos vamos a referir hayan debatido sobre un supuesto "núcleo de ilegibilidad"[13] en la obra de Zizek. El hecho de que todavía no sea posible aprehender su pensamiento en continuidad con un contexto teórico claro (un paso de la exégesis que en la historia de la filosofía necesariamente *llega siempre tarde*) ni proyectarlo en "escuela" alguna, queda ejemplificado en estas líneas de Ian Parker, que propone su investigación como un "mapa del metro", que sólo puede aspirar a conectar entre ellos determinados conceptos clave, siempre prestados de otros autores:

> *No puedes ser "zizekiano", y solamente Zizek puede ser Zizek. Los conceptos con los que trabaja los toma prestados para distorsionarlos antes de aplicarlos y transmutarlos, y aparecen de manera diferente en cada ocasión. Por esto no hay conceptos específicamente "zizekianos" que puedan ser desplegados en una guía o glosario.*[14]

Frente al enfoque que contempla la posibilidad de que quepan siempre lecturas contrapuestas de sus propuestas teóricas, ya sea por una inconsistencia involuntaria o por las propias características de su pensamiento, otros prefieren centrarse en que hay una serie de preocupaciones políticas fundamentales que hilan toda su obra y que, en palabras del mismo Zizek, subyacen a todo el aparato estilístico en un "frío, maquínico despliegue del pensamiento que sigue su camino con total indiferencia".[15] Dejando aparte si son realmente los lectores los que sufren esa indiferencia o más bien los futuros historiadores de la filosofía, si nos atenemos a las propias explicaciones de Zizek tanto su

12. Rothenberg, Molly Anne, *The excessive subject. A New Theory of Social Change*, p. 155

13. Kay, S., *op. cit.*, p. 16, Guanzini, I., *Lo spirito è un osso*, p. 29

14. Parker, I., *Slavoj Zizek: a critical introduction*, p. 10

15. Burning the Bridges, prefacio a "The Zizek Reader".

"estilo" argumentativo, su propia gestualidad o la marcada preferencia por lo obsceno en las conferencias públicas, así como su rechazo a ofrecer respuestas y propuestas políticas claras, podrían ser una elección consciente *destinada a llevar la función del analista lacaniano al plano del intelectual público.* Esto, como en el caso de cada analista particular, no impide que en su elaboración teórica sí pueda haber algo sólido y consistente. Es más, cada vez es menos obvio que Zizek eluda una postura política clara.

De momento, volvemos a una pregunta que ya fue formulada hace tiempo: *¿quién es el maldito Zizek?*[16]

—*"Ese es mi horror; simplemente no puedo parar. Y odio escribir. Odio tanto escribir... no podría decirte cuánto. Cuando me encuentro al final de un proyecto tengo la idea de que no he tenido realmente éxito a la hora de decir lo que quería decir, que necesito un nuevo proyecto: es una auténtica pesadilla. Pero toda mi economía de escritura se basa en el ritual obsesivo de evitar el hecho de escribir realmente. Nunca empiezo a trabajar con la idea de que voy a escribir algo. Siempre tengo que comenzar con una o dos observaciones que llevan a otras cuestiones, etc."*

—*"... ¿te engañas a tí mismo para escribir?"*[17]

—*"Absolutamente, sí."*

16. *Víd.* nota 7
17. *Conversations with Zizek*, p. 42 (trad. cast. *Arriesgar lo imposible*).

Una aproximación biográfica

La cámara sigue a Slavoj Zizek por los estrechos pasillos de su casa en Ljubljana[18] mientras revuelve estanterías y cajas buscando películas, portadas de sus libros en japonés o carátulas de videojuegos con las que ilustrar sus respuestas a la entrevistadora. Ahora hojea una revista, y muestra una antigua caricatura publicada en *Mladina*; en otra caricatura de la misma revista su alter ego agarra una pluma –como si fuese un puñal– de la que gotea tinta fresca; el gesto es desafiante, aunque a la vez parece esconder el arma del crimen. Mientras el espectador todavía intenta entender por qué guarda su ropa en los armarios de la cocina, él ya está en el salón, analizando la disposición de los juguetes de su hijo o explicando cómo colocar estratégicamente retratos de Stalin o Lenin en la casa con el objeto de alejar o acoger a según qué visitas.

El montaje de la entrevista revela momentos de indecisión: ha sido demasiado irónico, es necesaria otra toma explicando la *boutade*. La explicación parece improvisada, pero la misma provocación se repite en diferentes fotografías disponibles en internet; independientemente del efecto conseguido, posar en la cama con aquellos mismos retratos no puede ser algo involuntario en alguien que ha dedicado y dedica muchas páginas de su obra a la crítica del estalinismo. Surgen dudas en el espectador;

18. Estos pequeños momentos de "voyeurismo" filosófico se encuentran en los reportajes de la televisión croata, emitidos en el programa *Nedjeljom u 2*. La película de Astra Taylor [víd. bibliografía] repite un itinerario similar.

incluso, como él gusta en decir citando a Hegel, alguna que otra *demora en su concepto*. Quizás haya matices. O quizás es sincero cuando afirma que en ocasiones busca soliviantar a sus compatriotas, y en general a sus amigos progresistas.

No es algo que sorprenda, después de verle paseando por Ljubljana. Su ciudad, su país, no le resultan indiferentes. Señala un edificio que detesta; recuerda sus problemas en la universidad, o cuánto desprecia la vida política eslovena. Y sin embargo vuelve a ella una y otra vez, para inmediatamente después jurar que no le importa lo más mínimo. Sus amigos señalan la envidia académica que suscita su trayectoria, y quizás su propia manera de ser. No es una "estrella" al uso: su reloj es de una promoción publicitaria, y lleva calcetines de esos que regalan en los vuelos transatlánticos. Y sin embargo la televisión croata lo describe como el intelectual mundial que ha enseñado a EEUU a pronunciar la 'z'. Realmente parece que se trate de un joven y díscolo actor, o de una "estrella del rock", y sin embargo estamos hablando de un escritor muy cercano ya a la edad de jubilación, con muchos libros, experiencia política y viajes a sus espaldas.

Estos viajes comienzan el 21 de marzo de 1949 en Ljubljana. Allí nació Slavoj Zizek, en una familia –diríamos– de clase media. Su padre, Joze Zizek, era economista, y su madre, Vesna, contable. Proveniente del este de Eslovenia, la familia se desplazó a Portoroz, un pequeño pueblo costero, donde Zizek pasó la infancia y parte de la adolescencia. De esos años vendrá una truncada (o redirigida) pasión por el cine, alimentada sobre todo por Resnais y Hitchcock, pero también por una cámara Super-8, de cuyas grabaciones experimentales no parece quedar constancia; sólo el recuerdo de un cortometraje de 20-30 minutos.[19]

En 1964 la familia vuelve a Ljubljana, donde él ingresa en el instituto del distrito de Bezigrad. Allí escribirá críticas de cine y artículos de fondo para las revistas de cine de la época, y como no podía ser de otra manera, se sentirá atraído por la filosofía a través de los textos del grupo *Praxis*, con los que recorrerá el camino que va desde las primeras nociones de pensamiento

19. *Conversations with Zizek*, p. 23

marxista hasta Heidegger, aun cuando cualquiera que se interesara por él debía superar el "bombardeo" de historias sobre su filiación nazi, que acompañaban cualquier referencia al filósofo alemán.[20] También se interesó inmediatamente por el pensamiento estructuralista y post-estructuralista francés; contrariamente, en esa época la Escuela de Frankfurt no despertó su interés.

En 1967 entra en la Universidad de Ljubljana para estudiar sociología y filosofía. Suele recordarse que este período supuso ciertos cambios y una general apertura cultural en Yugoslavia; en la universidad las tendencias filosóficas eran numerosas, desde marxistas o heideggerianos, hasta filósofos analíticos o seguidores de la Escuela de Frankfurt; todas ellas aparecerán después en su trabajo posterior. Heideggerianos como Tine Hribar e Ivo Urbancic tuvieron una influencia notable en su formación, aunque la más fructífera a largo plazo haya sido la de Bozidar Debenjak, con el que Zizek se acercó tanto a la Escuela de Frankfurt como a la relectura del marxismo desde una óptica hegeliana; con Debenjak estudiará en detalle tanto *El Capital* como la *Fenomenología del espíritu*.

En este período inicial uno de los primeros hitos será el descubrimiento de Derrida. *La Gramatología, Voz y fenómeno*, o la *Escritura y la diferencia* marcarán un momento clave de fascinación y ruptura con Heidegger. De hecho, en invierno de 1967, traduce para la revista *Problemi* extractos de la *Gramatología* y tres años después su primer libro se centrará en Heidegger y Derrida, con un título que después lamentará: "*El dolor de la diferencia*". Más adelante, publicará una tesina acerca de "las teorías francesas sobre la práctica simbólica", incluyendo a Derrida, Kristeva, Lacan, Foucault y otros, añadiendo un suplemento especial para certificar su filiación marxista, que se había visto inmediatamente cuestionada.

Respecto a Derrida, en estos años comenzará una relación de amistad o, al menos, "cordialidad" a distancia; de hecho, las apasionadas lecturas derrideanas "de juventud" serán en libros auto-

20. *El espinoso sujeto*, pp. 21-22

grafiados por el propio Derrida. Según relata Zizek, su acercamiento a Lacan fue recibido por Derrida con "una reacción furiosa" que sólo comenzó a suavizarse por la intermediación de amistades comunes, especialmente en los últimos años de vida del filósofo francés.[21]

Tras licenciarse en filosofía y sociología en 1971, y pese a los contratiempos citados, con la ayuda de sus padres –ambos ateos y militantes comunistas–[22] será contratado por la Universidad como asistente investigador en "Filosofía burguesa moderna y contemporánea". Sin embargo, el trabajo docente no durará mucho; por cuestiones ideológicas acabará fuera de la Universidad (no está claro si se canceló su contrato o, como afirma en ocasiones, sus tutores académicos intentaron evitarle problemas recomendándole buscar trabajo como investigador en filosofía).

Truncada esta vía, encadenará dos experiencias laborales que recordará a menudo en sus textos; el servicio militar en el ejército Yugoslavo, en Karlovac (Croacia), y un trabajo "de oficina" para el Comité Central. Ahí podrá experimentar de primera mano los mecanismos de funcionamiento de la ideología y el papel que juega el *cinismo* en ella: "no solamente la nomenklatura no tomaba su propia ideología seriamente, sino que aquellos que se la tomaban demasiado en serio eran considerados una amenaza; a un paso de la disidencia". El trabajo que desempeñó fue "en algo llamado Centro de Estudios Marxistas", encuadrado orgánicamente dentro de la estructura del Comité Central de la Liga de Comunistas. Lo interesante de este período es que pueden encontrarse aquí los primeros momentos de acercamiento a Lacan, a través del trabajo en común, en el citado Centro, con Rastko Moznik y Mladen Dolar, con quien trabajará estrechamente a partir de entonces.

Tras estos extraños paréntesis, Zizek volverá a la Universidad, en un primer momento a la espera de entrar de nuevo como

---

21. *À travers le réel*, p. 140

22. Boynton, R. "Enjoy your Zizek!: An excitable Slovenian philosopher examines the obscene practices of everyday life - including his own" en *Linguafranca: The Review of Academic Life*, 7, 1998 .

investigador en filosofía, si bien finalmente aterrizaría en el que sería su trabajo "durante once años", un trabajo que, como recuerda a menudo, desarrolló fuera del que era estrictamente su dominio:[23] en el Departamento de Sociología del Instituto de Ciencias Sociales de la Universidad de Ljubljana.

También a finales de la década de 1970 fundará, junto con Alenka Zupancic o Mladen Dolar, entre otros, la "Sociedad de Psicoanálisis Teórico". Aislados en la Universidad, aquellos interesados en Lacan necesitaban una organización externa desde la que celebrar conferencias y cursos, amparada no obstante en las instituciones oficiales, lo que les podía permitir publicar con cierta tranquilidad sus textos y conferencias. Pero para obtener el apoyo institucional, debían contar con la aquiescencia de las diversas sociedades universitarias. Fue ese el motivo del inusual nombre: no inquietar a las sociedades de psiquiatras y terapeutas, señalando el carácter puramente "teórico" de su actividad.

Como era de esperar, el funcionamiento de la Sociedad de Psicoanálisis Teórico era de lo más caótico, hasta el punto de no haber guardado apenas registro de todas sus actividades (en sus propias palabras, "reflejaba una perfecta estructura Lacaniana, la idea de *das Ding*: en medio de todo, un vacío"). No obstante, el paraguas institucional permitió a Zizek viajar al extranjero con asiduidad, publicar artículos y dar conferencias, perpetuando así un funcionamiento que duró hasta los años 90; a través de *inexistentes invitaciones*, supuestamente provenientes de universidades extranjeras (y en realidad "tomadas prestadas" de algún despacho perdido), la adjudicación de estancias de investigación podía "acelerarse" y "hacerse más eficiente".

Es clave en este período de viajes el intercambio con el movimiento psicoanalítico francés y la relación del grupo de Zizek con Jacques-Alain Miller, Alain Grosrichard o Gerard Miller, a quienes invitaron a un congreso en Ljubljana, que tuvo un notable éxito entre estudiantes e intelectuales. Tras este encuentro sobre "Psicoanálisis y Cultura" celebrado en Eslovenia, y por invitación de Jacques-Alain Miller, Zizek se desplazó a París

23. *Conversations with Zizek*, p. 31-32.

como *Asistente invitado* de la Universidad de París-VIII, después de haberse doctorado en Ljubljana con una tesis sobre el idealismo alemán.

En París, bajo la dirección de François Regnault y Jacques-Alain Miller, escribe en 1985 una segunda tesis que se publicará en 1988, en la desaparecida editorial Point Hors Ligne, bajo el título *Le plus sublime des hystériques: Hegel passe*. En él está in nuce todo su trabajo posterior: de las lecturas combinadas de Lacan, Schelling, Fichte o Hegel, a la temática de la teoría de la ideología, pasando por la teoría de la referencia de Kripke, Searle o Donnelan, o la proximidad y simultánea diferencia radical entre las filosofías de la historia de corte estalinista o benjaminiano.

Hay que recordar que ya desde principios de los años ochenta Zizek publicaba asiduamente en *Mladina*, una revista joven, bastante crítica y con una marcada política antimilitarista; esto lo coloca en el centro de atención no sólo del Estado, sino también de amplias capas de la juventud e *intelligentsia* eslovenas, que se hacen eco de sus artículos e intervenciones.

En estos años Zizek, que ya tenía un hijo, Kostja Zizek (doctor en filosofía con una tesis sobre filosofía moderna bajo la supervisión de Miran Bozovic, y traductor de Harry G. Frankfurt, Eva Illouz, o Robert Pippin –hegeliana tradición familiar–), se casa con Renata Salecl, destacada filósofa y socióloga eslovena, también ex-alumna de Debenjak, con la que compartirá militancia en la llamada "disidencia", así como en el partido del que son fundadores, junto a otros intelectuales y activistas eslovenos: el Partido Liberal Democrático de Eslovenia.

Para entonces no sólo acumula publicaciones más o menos "académicas" y artículos de opinión: también ha traducido o prologado a John Le Carré, G.K. Chesterton, Althusser, Lacan, o Freud, y su presencia en la escena cultural eslovena es notable, también por su apoyo a varios movimientos culturales nacidos en los años ochenta, como el *NSK* o *Laibach*.

En la década de 1980 la capital eslovena era el epicentro del llamado *Neue Slowenische Kunst*, colectivo que agrupaba todo tipo de propuestas artísticas. Entre ellas, la del grupo musical *Laibach* (germanización del nombre de la capital de Eslovenia), un grupo muy particular que conjugaba todo tipo de géneros musicales (electrónica, industrial, marcial y clásica) y realizaba reinterpretaciones de operas clásicas en conciertos que jugaban con puestas en escena provocadoras y vanguardistas. Otros colectivos muy presentes eran IRWIN (artistas plásticos) y el grupo teatral *Gledališce Scipion Nasice Sisters*.

Los artistas de IRWIN, fundado en 1983 por Dušan Mandic, Miran Mohar, Andrej Savski, Roman Uranjek y Borut Vogelnik, reivindicaban tres preceptos fundamentales para la práctica artística que dan una pista de la sintonía que unía a Zizek con sus propuestas: la incardinación del artista en sus circunstancias particulares, pues "sólo siendo particulares el arte puede devenir auténticamente universal"; el trabajo colectivo y el "principio retro" [*Retroprincip*], que definía la práctica artística de todo el NSK. Este "retro-vanguardismo" respondía a la convicción de que "el futuro es la semilla del pasado"; y defendía la reutilización de símbolos, imágenes e ideas asociadas al poder, en un cortocircuito histórico deliberado, como ejemplifica bien la propuesta plástica de IRWIN, en cuyas obras e instalaciones se movilizan todos los recursos de la estética asociada a las instituciones del poder pasado y presente, desde la Alemania nazi al Opus Dei, pasando por el realismo socialista, el arte suprematista y el arte pop capitalista. Partiendo de una concepción de la imagen como algo que nunca puede ser neutral, la temática y motivo central del colectivo NSK era el totalitarismo, entendido como cualquier tipo de "reglas estrictas, desde los sistemas políticos hasta el gusto y mentalidad humana individual",[24] apropiándose tanto la estética como el propio funcionamiento interno, reproduciendo en el seno del colectivo la organización, retórica, e imaginería "de sistemas totalitarios como el comunismo, nacional-socialismo y capitalismo".[25]

24. Wilkinson, Roy, "Laibach: Springtime for Hitler ?", *Select* nº. 53, Noviembre, 1994, pp 58-61

25. Clarke, P. *More Total Than Totalitarianism: The Strategy Of Neue Slowenische Kunst*, 1997. Tesis accesible online.

Zizek resume algunas de las características del colectivo en un documental de 1996:

Respecto a Laibach, la pregunta que se hacen todos es: ¿se toman a sí mismos en serio, o lo hacen de manera irónica? Creo que, por supuesto, esta es una alternativa errónea, porque la premisa que se adopta automáticamente es que, si tu actitud hacia un sistema de valores es irónica, entonces estás siendo subversivo, si la tomas en serio eres un conformista, etc.

Creo que la premisa principal de la estrategia de Laibach es –y no sólo respecto a Eslovenia, sino en términos generales, para todas las democracias del capitalismo tardío–: para poder funcionar, un determinado sistema necesita de manera esencial que su propia ideología no sea tomada en serio.

Es decir, el cinismo, como modo principal en el que se expresa la ideología, implica que como condición positiva de su propio funcionamiento, el sujeto no tome en serio la ideología dominante: en este sentido el sujeto ideal hoy en día es el que mantiene una distancia irónica hacia el sistema.

El otro lado de esta cuestión es que la única manera de ser realmente subversivo no es desarrollar el potencial crítico, la distancia irónica, sino precisamente tomar al sistema mucho más en serio que él mismo. Un ejemplo sería el de los EEUU en los años 20: por un lado tenemos la institucionalidad oficial, ley y orden, etc., y por el otro su oculto reverso, el Ku-klux Klan, la violencia racista. Aquí mi planteamiento es doble: en primer lugar, la trasgresión del sistema no es subversiva: esta suspensión nocturna del ámbito de la ley no sólo no es subversiva, sino que es inherente al funcionamiento del mismo. Para un ciudadano típico del sur de los EEUU en aquel período, uno podía quebrar el orden mismo del sistema, y seguir siendo considerado "uno de los nuestros", pero si no colaboraba ni consentía estos actos violentos, entonces se veía excluido de la comunidad.

Esta trasgresión, por tanto, es inherente al funcionamiento del sistema, a la vez que debe mantenerse oculta y silenciada. Esto tiene un paralelo equivalente en los países del llamado "socialismo real", y lo que Laibach hace, por tanto, es llevar a la luz del día esta trasgresión oculta que sostiene el sistema.[26]

En 1987 se produjo una de las primeras polémicas del NSK, cuando participaron en un concurso público de carteles conmemorativos del nacimiento de Tito. El colectivo de artistas consiguió ganar el premio con un cartel que reciclaba motivos estéticos nazis y titoístas, y que sólo fue retirado cuando un ingeniero de Belgrado, Nikola Grujic, vio una reproducción del cartel en el periódico *Politika in Oslobodjenje* y escribió a la redacción señalando la vergonzante procedencia de algunas de las imágenes del disimulado *collage*.

Los miembros de NSK reconocieron siempre su vinculación con el trabajo de Zizek, y en algunos casos seguían sus conferencias y cursos. No obstante, siempre insistieron en que el "método de la sobreidentificación" que utilizaba *Laibach* fue previo a la elaboración teórica de Zizek,[27] aunque lo cierto es que ya en este punto las diferencias estaban claras desde el comienzo. Para él la *sobreidentificación* no era sino un movimiento táctico que, rechazando la posición explícitamente disidente, retrasaba una confrontación abierta con el poder. Sin negarle cierto efecto subversivo, lo cierto es que esa "confrontación abierta" no dejaría de producirse a un nivel individual, fuera del dominio de la acción política colectiva.

Hay cierta confusión sobre si antes de entrar en la disidencia activa a finales de los ochenta Zizek era o no miembro de la Liga Comunista Eslovena. En la respuesta a Ian Parker publicada en lacan.com niega rotundamente la acusación de haber actuado como comisario o censor, y acaba afirmando que él nunca podría haber ejercido tales funciones porque "*en el Instituto de Sociología donde trabajaba oficialmente (puesto que ya entonces pasaba la mayor parte del tiempo en el extranjero) si el candidato*

26. *Predictions of fire*, 1996 TV Slovenia Arts Programs Production y Kinetikon Pictures, escrito y dirigido por Michael Benson.

27. Joanne Richardson (2000) "NSK 2000? Irwin and Eda Cufer interviewed by Joanne Richardson", citado en Parker, Ian *Slavoj Zizek: a critical introduction* (Modern European thinkers) p. 38

para un trabajo era sospechoso de estar demasiado vinculado a los círculos del Partido Comunista, no tenía ninguna posibilidad de conseguir el puesto; ¡a mediados de los ochenta, estar 'contra' el régimen era ya una manera de hacer carrera política!". En todo caso, queda claro que tras los hechos de 1988 tanto la disidencia pasiva como la defensa del gobierno (o participación en el partido) resultan ya para él opciones inasumibles, más cierto si cabe tras su implicación en el juicio "JBTZ" y en el Comité por la Defensa de los Derechos Humanos.

En estos años la revista *Mladina* estaba en el cenit de su popularidad en Eslovenia, y jugaba ya a poner a prueba los límites de la libertad de prensa, en especial mediante constantes ataques al Ejército Popular Yugoslavo (*JLA* en las siglas eslovenas), llamando al ministro de defensa, Branko Mamula, "mercader de la muerte" por la venta de armas en Etiopía. El principal azote del JLA desde las páginas de la prensa más crítica era Janez Janša, que años después se convertiría en el líder indiscutible de la derecha eslovena y en primer ministro del país entre 2004 y 2008.

Pese a la reacción airada de muchos sectores del ejército, la revista no fue censurada, hasta que en 1988 Janša anunció que estaba en posesión de documentos que revelaban un plan de arrestos masivos contra disidentes. En poco tiempo él y otros tres periodistas fueron arrestados y juzgados en un tribunal militar, a espaldas del gobierno, en el que los cuatro (Janša, Borštner, Tasic y Zavrl) fueron condenados a entre seis y cuarenta y ocho meses de prisión. Como si se tratara de alguno de los sardónicos chistes de Zizek, Zavrl relatará después cómo, al volver tarde del trabajo (en la revista) hacia la prisión donde debía pasar las noches, en una ocasión tuvo que saltar él mismo las alambradas para llegar hasta su celda.

La fundación del Comité de Defensa de los Derechos Humanos se produjo el mismo día del arresto y marcó el comienzo de todos los cambios políticos posteriores. El presidente esloveno, Janez Stanovnik, se posicionó públicamente en favor del Comité, lo que supuso un importante impulso para la movilización de la opinión pública eslovena en la dirección de la independencia de Yugoslavia, que culminó en junio de 1991.

Sobre estos hechos Zizek publicará en 1989 el libro *Druga smrt Josipa Broza-Tita* [La segunda muerte de Josip Broz-Tito], una colección de artículos publicados entre 1986 y 1988 en *Mladina* y el resto de la prensa eslovena, cuyos capítulos ("América", "El proceso", y "El Castillo") parecen bastante elocuentes. No obstante, las reflexiones de Zizek no siempre van por los caminos esperados, en este caso los de la disidencia oriental: en el libro, por supuesto, llama a los diversos movimientos sociales alternativos eslovenos a embarcarse definitivamente en la política, desterrando toda tentación de contemporizar con el monopolio político de la Liga de los Comunistas. Sin embargo, en el capítulo adicional que da título al libro, defiende la paradójica tesis de que el sistema titoísta, basado en la "fraternidad y unidad", la autogestión y en cierto consenso entre la sociedad y las dos instituciones dominantes –el Partido y el Ejército–, estaba a punto de perecer tanto por su propia lógica interna como por el maltrato que unos líderes políticos ineptos e *impotentes* (por lo tanto, *violentos*) habían infligido al legado de Tito, que sólo podría ser salvado si estas nuevas fuerzas podían ser capaces de radicalizar el nuevo pluralismo y extenderlo al resto de Yugoslavia, preservando así la "importancia histórica y mundial" del modelo yugoslavo.[28]

Ya ha habido ocasión de mencionar el primer libro de Zizek con gran repercusión fuera de Eslovenia; *El sublime objeto de la ideología*. Tras empezar una colaboración relativamente asidua con publicaciones como *New Left Review*, dirigirá también la colección *Wo es War* en la editorial Verso, en la que aparecerán los nombres de la mayor parte de integrantes del círculo psicoanalítico esloveno de los años anteriores, junto a otros pensadores que desde entonces suelen trabajar y debatir con Zizek, como Badiou, Fredric Jameson, Lorenzo Chiesa, Adrian Johnston, Joan Copjec, Bruno Bosteels o Robert Pfaller.

Respecto al círculo esloveno, el trabajo que se realizaba desde el Instituto de Sociología y la Sociedad de psicoanálisis teórico

28. *Druga smrt Josipa Broza-Tita*, p. 115

tenía como núcleo "dirigente" a la "troika" formada por Zizek, Mladen Dolar y Alenka Zupancic, y como compañeros de viaje a otros filósofos como Renata Salecl o Miran Bozovic. En otra ocasión señalará, aparte de los referentes antes mencionados, la importancia de Althusser para ellos y en especial su noción de "aparatos ideológicos de Estado".[29]

Vale la pena leer la valoración que hace Zizek del trabajo colectivo que realizaban:

"La orientación [de la serie Wo es War] es la lectura filosófica de Lacan, más este giro político específico. Para ello, necesitaba una colección en la que desarrollar un proyecto coherente con una dirección clara.

Así es como funcionamos... Es mi idea de comunidad filosófica: hablamos mucho, debatimos, pero en última instancia estamos solos, y esto funciona perfectamente. No dirigimos talleres conjuntos. Cuando necesitamos hablar, hablamos. Hay un viejo adagio romántico que dice: la auténtica compañía se da sólo cuando compartes tu soledad".

En 1990 publicará en *New Left Review* un artículo hasta cierto punto polémico, *Eastern Europe's Republics of Gilead*, en el que analiza algunos puntos clave del derrumbe de la Yugoslavia titoísta y su reflejo en la "mirada occidental". En un momento de decadencia y crisis democrática, perdido en "rutinas burocráticas y campañas electorales publicitarias", el occidente capitalista encontraba en Europa del Este su *Ideal del Yo*, "el punto desde el que Occidente se ve de una forma deseable e idealizada" como digno de ser amado: la fascinación por las nuevas democracias orientales tenía por tanto su objeto no tanto en sus formas concretas y efectivas, sino en la misma "ingenua mirada" que el Este aún dirigiría a Occidente, encontrando en él su *agalma*, esto es, el "tesoro que provoca el entusiasmo democrático". No obstante, la realidad era bien diferente: una distorsión de este retrato idílico, en el que Zizek intuía ya el "crecimiento de un populismo

29. Sharpe, M. *Slavoj Zizek: A little piece of the real*, p. 46

nacionalista y empresarial con todos los aderezos habituales, desde la xenofobia al anti-semitismo" (y no sólo en los países bálticos, sino también en la Alemania reunificada, Polonia, Hungría o Rumania).

En este artículo encontramos ya uno de los principios que continuarán desarrollándose en su teoría política posterior: "el elemento que mantiene unida una comunidad no puede reducirse al punto de identificación simbólica: el vínculo que une a sus miembros siempre implica una relación compartida con una *Cosa*, un *Goce* encarnado". En este caso, la Nación como *Cosa*, ese objeto especial que Lacan identifica con el nombre alemán *Das Ding*, una causa capaz de ejercer un efecto más allá de lo puramente discursivo, gracias a un suplemento especial que le confiere "substancia": el *Goce*, materializado en ciertas prácticas sociales, en este caso estructuradas por los diversos mitos nacionales, que se enredan en una serie de recelos compartidos, siempre dirigidos hacia aquellos otros que constantemente despojarían del *Goce* a la comunidad: los "sureños" (serbios, bosnios) privarían de él a los eslovenos por su "proverbial pereza, corrupción, y obscenos pasatiempos" y los eslovenos privarían del goce a los serbios por su "exagerada diligencia y carácter calculador" que impide disfrutar del trabajo.

En el marco capitalista la producción constante, instigada por una propia necesidad interna que genera más carencia y exige por tanto aún más producción, la tentación por conseguir un capitalismo sin su *exceso*, sin el antagonismo que causa su propio desequilibrio estructural, es la que genera la demanda de un *Amo imposible* –que garantizaría la estabilidad del tejido social–, y simultáneamente una *figura expiatoria*, un intruso sobre el que cargar la culpa por la siempre perdida armonía. Aquí es donde Zizek localiza la clave de los acontecimientos que estarían por llegar (tanto en su lectura previa, en este artículo, como en las inmediatamente posteriores): agotado el ciclo de unidad contra el intruso "comunista", el emergente populismo nacionalista seguía entendiendo sus propias deficiencias desde una perspectiva comunitaria, buscando una imposible comunidad orgánica dentro del capitalismo, substituyendo la sociedad civil "alienada" del liberalismo clásico (mercantil y despersonalizada, nunca dominada por intereses de grupos particulares) por una histérica persecución grupal de nuevos "intrusos".

Dentro de la victoria de la oposición democrática, Zizek concibe en estos momentos la tarea política inmediata como la elección entre dos caminos enfrentados: el de aquellos que (en continuidad con un esquema homólogo al de totalitarismos pasados) ven a las víctimas de la represión como "animales rituales" cuyo sacrificio garantizaría la armonía, exigiendo una fidelidad que traicionarían todos aquellos que quebrasen la unidad; y el de aquellos para los que "reconciliación" significaría precisamente reconciliarse con el hecho de que no existía tal "unidad orgánica de los eslovenos", que los diferentes proyectos son irreductibles y que nadie tiene derecho a imponer su *Sueño* a los demás.

Esta es la postura política inmediata que Zizek anuncia en el artículo: siendo preocupante la hegemonía total que en la sociedad civil tenían estas tendencias nacional-populistas, lo que Europa oriental necesitaba era un Estado a distancia prudencial de la sociedad civil y una sociedad civil "formal", "vacía", libre del "sueño particular de una u otra comunidad étnica", es decir, una sociedad civil que permitiese un espacio abierto para todos los proyectos políticos, algo que un amplio movimiento (especialmente entre los jóvenes más politizados) ya estaba pidiendo, bajo el lema de una "tercera vía para la sociedad civil".[30]

Esta es la visión[31] que impulsará su compromiso político en las nuevas elecciones eslovenas: en 1990 Zizek encabezará la candidatura del LDS (Partido Liberal Democrático, en sus siglas eslovenas) para la Presidencia, en cuyas listas irá también su compañera Renata Salecl. No debe confundirse la "Presidencia" con el cargo de Presidente, que se votaría dos años después; la

---

30. Xabier Agirre Aranburu, *Yugoslavia y los ejércitos*, p. 264

31. "Evitar que Eslovenia se convirtiese en otro país como Croacia o Serbia, donde un gran movimiento nacionalista hegemonizó todo el asunto. En la medida en que tuvimos éxito, Eslovenia es ahora un país con un sentimiendo localista más disperso, y la tentación nacionalista se ha disipado". *Conversations with Zizek*, p. 49.

Presidencia de Eslovenia era un órgano auxiliar del Presidente de la República, y estaba formado por cuatro "presidentes".

Frente a quienes suelen citar esta militancia como prueba de que hasta una edad muy avanzada Zizek habría sido un "liberal" en el sentido económico-político (partidario a ultranza del libre mercado, moderado o conservador en el aspecto social, etc.), él mismo justifica su adhesión al LDS, al margen de los motivos políticos citados en los párrafos anteriores, recordando que *liberal* y *democrático* eran dos significantes políticos con una connotación muy específica en la Eslovenia de 1990: "*hay que comprender que en la época 'liberal' significaba que estábamos contra los comunistas en el poder, pero rechazábamos el nacionalismo y la cuestión de la religión. Era necesario evitar una catástrofe como la serbo-croata... La elección estaba entre un liberalismo de izquierdas ilustrado (derecho al aborto, etc.)... y la instauración de un fascismo de baja intensidad*".[32]

La larga campaña electoral coincidirá con la escritura de su segundo libro en inglés, *Porque no saben lo que hacen. El goce como factor político*, pero el tiempo "robado a la teoría" le valió ciertas satisfacciones: en el debate principal, celebrado en la televisión eslovena, uno de los rivales políticos del LDS "cometió un error fatal, que todos recuerdan". Intentando censurar las largas intervenciones de Zizek, el político rival empezó así su turno de palabra:

> *A pesar de la simpatía que me inspira el sr. Zizek, pues ciertamente tiene el coeficiente intelectual más alto que todos los que estamos aquí, y estoy seguro de eso... Ha hablado demasiado hoy, la mitad de lo que lo ha hecho el resto de la mesa...*[33]

Según el relato de Zizek, aquel reconocimiento explícito de la valía del candidato más marginal en la campaña, y que en una

32. *À travers le réel*, p. 169

33. Documental "Zizek!", 2005, Zeitgeist Films, Canadá-EEUU, Dirigido por Astra Taylor. Aquí se pueden ver imágenes del lance electoral, aunque difieran ligeramente la transcripción y el relato de Zizek.

pausa durante la emisión lamentarían a voz en grito el resto de candidatos, aupó momentáneamente al LDS en las encuestas. Finalmente su candidatura quedaría en quinto lugar, aunque su partido obtendría en total el segundo mayor número de votos, tras la coalición *Demos*, cuyo candidato, el democristiano Alojz "Lojze" Peterle, fue nombrado Primer Ministro.

Este gobierno y los siguientes continuarían el programa de "terapia de choque" económica iniciado un año antes, en conformidad con los planes del FMI y el Banco Mundial: convertibilidad del *dinar* y substitución por el *tolar*, reducción drástica de la política fiscal y políticas monetarias restrictivas. Estas medidas de choque se verían complementadas –confirmando los peores pronósticos de Zizek– con otras políticas nacional-populistas apoyadas en las florecientes "mayorías morales" conservadoras: una política cultural profundamente chovinista, agresivas campañas en defensa de la maternidad como deber de las mujeres eslovenas, restricción del aborto, y ataques contra los "degenerados" homosexuales.[34] Sobre el surgimiento de este tipo de movimientos de "mayorías morales" escribiría más tarde (pensando en el movimiento político que le dio el nombre, fundado por Falwell en EEUU y reeditado después en el *Tea Party*):

el problema radica en que la despolitización de la economía favorece a la derecha populista con su ideología de 'mayoría moral' y constituye el principal impedimento para que se realicen esas reivindicaciones (feministas, ecologistas, etc.) propias de las formas postmodernas de la subjetivación política.[35]

En un país con el 82% de católicos, el factor religioso era un objetivo claro de cara a la movilización política en ambos frentes, tanto desde la izquierda como, sobre todo, desde la derecha

---

34. Parker, I. *Slavoj Zizek : a critical introduction*, pp. 33-34
35. *En defensa de la intolerancia*, p. 69. El tema de la "Moral Majority" aparecerá más veces, p.ej. en la entrevista concedida en octubre de 2001a Sabine Reul y Thomas Dachmann en la Feria del libro de Frankfurt, publicada en castellano como "La medida del verdadero amor es: puedes insultar al otro", donde trata el tema del multiculturalismo y la reacción ultraconservadora en EEUU tras el 11-S.

(aquí podríamos ver un vector político en el interés de Zizek por la teología política cristiana y su énfasis, compartido por otros intelectuales como Cornel West, John Caputo o Gianni Vattimo, en una lectura revolucionaria y socialmente progresista del legado cristiano).

Sin embargo la partida estaba ya perdida: en 1991 "las mujeres prácticamente habían desaparecido de la política", relegadas al papel tradicional en una sociedad cuyo nuevo rostro era el de "una nueva democracia masculina, una democracia falocrática".[36] Con todo esto se sembraban ya los acontecimientos que marcarían toda la década: referéndum, secesión de Eslovenia y posterior *Guerra de los Diez Días*; escisión de Croacia, guerra serbocroata, guerra civil en Bosnia-Herzegovina, conflictos del sur de Serbia y Macedonia, y bombardeo de la OTAN en Kosovo, en apoyo de la guerrilla albano-kosovar enfrentada al ejército serbio.

En su artículo "OTAN, ¿la mano izquierda de Dios?" se exponen las primeras conclusiones tras el conflicto, primer ejemplo del "pacifismo militar" del cambio de siglo, cuya traducción sería: "guerra llevada a cabo por gente que siempre dijo estar en contra". El primer problema radica en la despolitización que efectúa la "*humanitarización*" de la intervención: los civiles afectados no son ya sujetos políticos, sino "víctimas indefensas", despojadas de toda identidad política: este sería el constructo ideológico principal bajo el que se escudó la OTAN. No obstante, ante la queja de los progresistas europeos (los bombardeos dieron lugar a la misma limpieza étnica que se afirmaba querer evitar) Zizek prefiere prestar atención a cómo el conflicto ha ocultado la realidad del conflicto ideológico de largo recorrido que estaba latente en la ex-Yugoslavia:

> *tras la Segunda Guerra Mundial, Tito quiso reemplazar la Yugoslavia dominada por los serbios por una asociación libre y federal de estados iguales y soberanos que tuvieran incluso el derecho a la secesión.*

36. "From the new social movements to political parties", artículo de Mastnak, T. en *Yugoslavia in Turmoil*, p. 61

> *La toma del poder de Milosevic fue por el contrario el intento de construir la Yugoslavia anterior a la guerra mundial, y con ella la hegemonía serbia. Los diversos "secesionistas" reaccionaron ante este intento. Sus demandas estaban firmemente ancladas en los principios de la Yugoslavia de Tito ... la agresión serbia contra Bosnia en 1992 no surgió de un conflicto étnico entre grupos. Fue pura y simplemente el ataque de la Yugoslavia-bajo-dominio-serbio anterior a la guerra [mundial] contra la Yugoslavia de Tito, posterior a la guerra.*

De este modo, rechaza la postura de "ambos lados del debate" acerca de la intervención de la OTAN. Si bien aquellos que defendían los bombardeos recurrían a la falaz ideología del militarismo pacifista, los que desde posturas progresistas se oponían lo hacían desde una reducción del conflicto al plano étnico (y Zizek incluye aquí a Badiou); la conclusión, desde la posición enunciada arriba, era tajante: en ese comentario del conflicto, emitido desde la seguridad que da la distancia geográfica, la verdad ha quedado enterrada: "*ambos lados ignoran la esencia política del conflicto*".

Como en otras ocasiones, la postura de Zizek resulta compleja de asimilar en forma telegráfica, pero en estas pinceladas biográficas resulta necesario añadir algunos detalles que añaden algunas aristas a esta cuestión; en una entrevista concedida en Varsovia, en mayo de 2009, afirma claramente haber "apoyado los bombardeos de la OTAN en Yugoslavia, y más o menos en Afganistán, ... aunque en Irak se prevé un efecto desastroso, incluso si tiene éxito", especificando que su postura es la de aceptar la idea de que hubiese más intervenciones, "pero las correctas, como lo sería una intervención en el Congo, que es ahora mismo un infierno".[37]

Pese a la guerra de los Balcanes, o quizás precisamente en connivencia con la "despolitización" de estos conflictos, en los años noventa Zizek ve consolidarse el relato que el "occidente

37. Esta entrevista puede encontrarse en youtube.com bajo el título "Zizek o interwencjach zbrojnych NATO i USA".

capitalista" había confeccionado a partir de la caída del muro de Berlín: el 9 de septiembre de 1989 habría anunciado el comienzo de "los felices años noventa" y la consagración del "fin de la historia" *à la* Fukuyama, desde el convencimiento de que la democracia liberal había triunfado como modelo definitivo de sociedad, y los últimos obstáculos no eran sino "meros focos de resistencia allí donde los dirigentes aún no habían comprendido que su época había acabado". En este sentido el comienzo de siglo mostraba la *reinscripción* de la revolución thatcheriana como modelo único de "gestión" económica, dando el paso definitivo para su institucionalización y legitimación definitiva; esto habría acaecido precisamente gracias a la *Tercera Vía* de Blair: "fue Blair quien repitió el thatcherismo, haciendo de él un concepto":[38] lo que antes parecía una excepción incomprensible, un ataque *personal* contra sindicatos y trabajadores, con Blair se convertía en un *modelo de gestión*.

Obviamente Thatcher no era "thatcherista"; si bien su etapa al frente del Reino Unido pueda parecer ahora paradigmática respecto a la definición actual de "neoliberalismo", la *reinscripción* de sus políticas en los estándares actuales de *gestión política y económica* se produjo gracias a que la *Tercera Vía* los incorporó y transformó, haciéndolos más eficaces ideológicamente que la *mera repetición como reiteración*, operada por John Major sobre la herencia thatcheriana.

Del mismo modo que para Marx en 1848 la única manera de que las dos facciones royalistes (Borbones y Orleanistas) pudieran unirse en el *Partido del Orden* era bajo la bandera republicana y al amparo del "reino anónimo de la República", en la era del "fin de la historia" el *Partido del Orden* tuvo que tener su primera encarnación en la *Tercera Vía*, consolidando la frágil alianza entre las diversas facciones del capital bajo la bandera del "capitalismo anónimo de la socialdemocracia liberal":[39] no habría sido, en todo caso, un mero compromiso, un pacto de consenso político; los neoliberales caían ya entonces en la ilusión de que

38. *With defenders like these...*
39. *With defenders like these...*

esta vía intermedia era un obstáculo para la implementación completa de su modelo, que de ser aplicado en toda su extensión traería "un crecimiento aún más explosivo". El error de los neo-liberales en este punto sigue estando, como veremos más adelante, en "no ser capaces de percibir el rol positivo de lo que consideran obstáculos": el modelo socialdemócrata de capitalismo es el que "mejor funciona para el capitalismo mismo".

El capitalismo actual, señalaba Zizek en un extenso prólogo de 1998 al *Manifiesto comunista*, vive su apogeo bajo una forma financiarizada, basada en "una especulación meta-reflexiva sobre los mercados de *futuros*", pero no hay que olvidar que "bajo esta abstracción, la base de la circulación del capital son personas y objetos naturales [...] de los que se nutre, como un gigantesco parásito":[40] en esta abstracción ... *demasiado real*, "el destino de capas enteras de población e *incluso países enteros* es decidido por la danza especulativa y solipsista del capital, persiguiendo sus objetivos de rentabilidad, con absoluta indiferencia hacia los efectos causados sobre la realidad social".

El 11 de septiembre marca el fin de la era Clinton y para muchos *el fin del "fin de la historia"*, y anuncia el comienzo de una "época en la que otros muros están surgiendo por todas partes; entre Israel y Cisjordania, alrededor de la Unión Europea, en la frontera entre Estados unidos y México". El ensimismamiento de los Estados Unidos, transformados en una inestable "*Fortress America*" tiene como consecuencia la proyección hacia el exterior del antagonismo interno, expresado en una política imperial desastrosa, "como si el lema de la reciente política estadounidense fuera la inversión del famoso lema de los ecologistas: actúa globalmente, piensa localmente".[41] En este sentido, la segunda victoria electoral de Bush abría algunas posibilidades en la geopolítica global, al menos a largo plazo; por las hipotecas de su propio electorado, "Kerry habría prometido medidas más proteccionistas" que habrían perjudicado la consolidación del mer-

40. *Le spectre rôde toujours*, pp. 12-13
41. "USA, el Waterloo de los liberales, o ¡finalmente buenas noticias desde Washington!", publicado originalmente en *In These Times*, 5 de noviembre de 2004

cado común latinoamericano, y además su victoria habría hecho recaer sobre los Demócratas el peso de los errores militares Republicanos. Así, la nueva victoria republicana vendría a disipar "las ilusiones de una posible solidaridad de intereses entre los países occidentales desarrollados", empujando así al resto de países enfrentados a su hegemonía a fortalecer alianzas como la UE o Mercosur.

Efectivamente, la victoria de Bush se oscurece rápidamente con el progresivo empantanamiento de la situación en Irak, las torturas se hacen públicas, y salen a la luz ciertas cuestiones de fondo: "lo importante [y preocupante] es que [la tortura] se acepte como algo susceptible de ser debatido" y que "se vaya a instalar un estado de excepción permanente, sin que podamos notar la diferencia".[42]

No es extraño que este "estado de excepción permanente" tenga repercusiones en toda una manera de pensar la política entre aquellos que lo sufren: Le Pen es un síntoma paradigmático de lo que venía siendo el "consenso liberal-democrático", paradójicamente construido sobre el "pánico electoral" que causaba la irrupción del FN en la segunda vuelta de las presidenciales francesas. Esto no confirmaba otra cosa que el enquistamiento del discurso xenófobo ya no en el *debate político*, sino en "las políticas *de facto* de gobiernos 'socialistas'".[43] La "vergüenza" que empujó al electorado de centro-izquierda y centro-derecha a votar por Chirac "fue por tanto la vergüenza que se siente cuando nos arrancan las máscaras de la hipocresía y se nos enfrenta con nuestra verdadera posición"; no en vano, recuerda Zizek, Laurent Fabius había afirmado que Le Pen "hizo las preguntas correctas ... pero dio las respuestas equivocadas".

En general, esto resumía el devenir del centro-izquierda europeo, que en las últimas décadas de compromisos y "concesiones", había llegado a un punto en que podía "representar al socialismo, pero defender totalmente el thatcherismo económico" o representar "la verdadera democracia popular", pero

---

42. Conferencia "On Belief and otherness", en la European Graduate School, 2002.
43. *La tetera prestada*, pp. 99-107. Comillas de Zizek.

entrando completamente en el "juego de la política como espectáculo".[44]

En este momento, entre el frenético comentario de actualidad, que ya realiza casi semanalmente en periódicos y estudios de televisión y radio, y una progresiva radicalización de sus posturas políticas concretas, su popularidad ha crecido a la par que sus críticos se multiplican, sobre todo –como ya comentábamos– dentro de los pocos "académicos" que le dedican estudios y comentarios. A las críticas provenientes de periodistas o reseñistas interesados o comprensiblemente perdidos entre las constantes reescrituras y matizaciones (con acusaciones que recorren todo el arco político, desde "estalinista" a "ultraliberal", pasando por "ultra-conservador disfrazado de *progresista*"), hay que añadir aquellas provenientes de los nuevos *zizekólogos*. Entre 2003 y 2005 se producen varias réplicas entre él y Ian Parker a propósito de la supuesta participación de Zizek en la represión comunista, ejercida desde un supuesto cargo de "comisario", o de su presunta defensa de las políticas derechistas en Eslovenia, algo descartable aunque sólo sea porque nunca habría roto completamente con el LDS, partido considerado de centro-izquierda.

En 2005 responderá también a un comentario de Parker, que afirmaba que Zizek ignoraba o menospreciaba el papel del NSK (*Neue Slowenische Kunst*) en la historia reciente de Eslovenia. En su respuesta queda claro el distanciamiento entre él y los miembros de *Laibach* o IRWIN: "No sólo evité mencionarles por razones políticas, sino que ahora me opongo activamente a ellos". La razón sería la reivindicación para sí, por parte de los miembros del NSK, de un papel en la lucha por la independencia eslovena, en términos ya no tan artísticamente ambiguos como pudieron parecer inicialmente, sino exigiendo abiertamente que "se les incluyera en la narración nacionalista de los orígenes del Estado esloveno". Al parecer, la invitación a participar en actos conmemorativos del NSK a determinados líderes de la derecha nacionalista "dejaba su recorrido muy claro" y por consiguiente Zizek se negó a "tener nada que ver con esta transformación del NSK

44. *La tetera prestada*, p. 102.

en artistas de Estado. De haber una *identificación demasiado cercana con el poder estatal* esta sería acaso la de ellos, por lo que corté todo vínculo".[45]

Mucho más representativa es la grotesca confusión, promovida por periodistas y críticos, acerca de una de las afirmaciones presentes en su libro *Sobre la violencia*. La réplica más contundente será contra la reseña de Adam Kirsch, que habría entendido que Zizek situaba a los yihadistas en la izquierda ("lo que afirmo es que los yihadistas no son motivados ni por la religión ni por un izquierdista sentido de la justicia, sino por el resentimiento, lo que de ningún modo les colocaría en la izquierda")[46] y que detectaba un supuesto "anti-semitismo" de Zizek en la frase descontextualizada "*El problema con Hitler es que no fue suficientemente violento*", a lo que Zizek responde:

"El sr. Kirsch cita mi pasaje:

–"*Por loco o de mal gusto que pueda sonar, el problema con Hitler es que no fue suficientemente violento, que su violencia no fue suficientemente 'esencial'*

¿Cómo podría ser esto un deseo de más muertes que las que produjo Hitler? Así es como sigue mi texto:

–"*El nazismo no fue suficientemente radical, no se atrevió a perturbar la estructura básica del espacio social capitalista moderno (que es por lo que tuvo que inventar y centrarse en destruir un enemigo externo, los judíos). Por esto es por lo que uno debería oponerse a la fascinación con Hitler, según la cual Hitler fue, desde luego, un mal tipo, responsable de la muerte de millones de personas, pero en definitiva tuvo pelotas, persiguió con determinación lo que quería... Esta afirmación no solamente es éticamente repulsiva, sino que es sencillamente errónea: no, Hitler NO "tuvo pelotas" para cambiar realmente las cosas; NO actuó realmente, todas sus acciones fueron fundamentalmente reacciones, es decir, actuó*

45. *With defenders like these...* p. 232
46. "Disputations: Who are you calling anti-semitic?" en *The New Republic*, 7 de enero del 2009

de manera que nada pudiese cambiar, escenificó un gran espectá-
culo de revolución, para que el orden capitalista pudiese sobrevi-
vir".[47]

En el mismo artículo, y tras responder a una mala interpretación mucho más burda, en la que directamente se descontextua-
lizan las fuentes, que resultan ser reproducciones de la opinión
de otros, Zizek se lamenta de la actitud de "personas como el sr.
Kirsch, que obviamente piensan que no hay suficientes anti-
semitas auténticos en nuestro mundo, de modo que debe multi-
plicarse su número, imaginando y añadiendo otros inexistentes".

El estatuto de intelectual público obliga cada vez más a Zizek
a posicionarse respecto a todo tipo de figuras políticas relevantes. Tras un lacónico entusiasmo inicial, ("... al menos está apun-
tando a cosas interesantes, con un nuevo lenguaje")[48] Zizek descarta a Obama como referencia política inmediata, y el rechazo
de Porto Alegre a la toma del poder estatal le empuja, pese a su
prudencia a la hora de tocar ciertos temas en ciertos medios, a
hablar en términos elogiosos de proyectos políticos como los de
Chávez, Evo Morales, y sobre todo Jean-Bertrand Aristide,[49]
aunque se muestra celosamente prudente a la hora de mencionar
a Chávez como un modelo realmente viable; en numerosas ocasiones lo describe dentro de la categoría de "populismos estatis-
tas" que "buscan mantener el capitalismo sin el precio a pagar, es
decir, explotación, alienación y catástrofes" y lo encuentra demasiado emparentado con los modelos de "modernidad alternativa"
de la Europa de los años 30.[50] No obstante, su posición ha varia-
do últimamente y si en una entrevista de 2008 señala como algo
a favor de Chávez (frente a Lula) el "haber movilizado a los
excluidos",[51] en libros más recientes amplía esta posición, y afir-

---

47. "Disputations: Who are you calling anti-semitic?" en *The New Republic*, 7 de
enero del 2009
48. Debate público con Steven Lukes, 3 de octubre de 2008.
49. *Zizek en Roda Viva*, entrevista en Brasil, 15 de octubre de 2008.
50. Congreso *Puissances du communisme*, febrero de 2010
51. "Free will, ideology and fantasy", Entrevistado por Silfur Egils en TV islandesa,
2008

ma que lo que Hugo Chávez ha empezado a hacer en Venezuela no es simplemente "incluir a los excluidos en el marco liberal-democrático preexistente", sino tomar a los habitantes de las barriadas pobres de Caracas como su *base*, y *reconstruir* las formas políticas de organización a partir de ellos: esto, señala Zizek, es la diferencia "entre *democracia burguesa* y *dictadura del proletariado*".[52]

A comienzos del 2008, Silfur Egils, un conocido presentador de la televisión islandesa, comentaba en su blog[53] la inminente publicación en islandés de *El acoso de las fantasías*. Zizek ya era conocido en el país gracias a escritores y ensayistas como Haukur Már Helgason, novelista y filósofo que en el número de diciembre de 2006 de la revista "Reykjavík Grapevine " era descrito como "defensor de las ideas de Zizek".[54] Unas semanas después, el mismo Zizek aparece como invitado en el programa de Egils,[55] donde resume algunas de sus últimas reflexiones: el papel de la *fantasía ideológica* ("estructura la realidad misma ... y funciona aunque no creamos en ella"), la lucha de clases ("las demandas finales del *Manifiesto Comunista* forman ya parte del supuesto consenso liberal-demócrata, pero en realidad son el resultado de intensas luchas obreras") y los *impasses* del capitalismo tardío ("a la larga hay problemas que el capitalismo no podrá resolver ... como el ecológico, el de la propiedad intelectual, el de la biogenética ... y el de los excluidos"). Y anuncia con rotundidad que "como puede verse en China ... el matrimonio entre democracia y capitalismo se ha acabado".

Lo cierto es que Zizek apenas ha comentado lo que ocurriría pocos meses después de su visita a Islandia; es más, la única referencia a la isla será para comentar el incidente volcánico que paralizó en 2010 la actividad aeroportuaria europea. No obstante, será precisamente el "zizekiano" Haukur Már Helgason el que

---

52. *Primero como tragedia, después como farsa*, p. 119
53. Egils, S. "Zizek í Kiljunni í kvöld", (http://silfuregils.eyjan.is), entrada del 30 de enero de 2008
54. "The Reykjavík Grapevine", Número 18, 1 diciembre 2006-11 de enero 2007.
55. "Free will, ideology and fantasy", Entrevistado por Silfur Egils en TV islandesa, 2008

dará buena cuenta de la llamada "revolución islandesa" en las páginas de *London Review of Books* o *Il Manifesto*.

En 2008 Zizek comienza a calificarse a menudo como "comunista", más explícita y notoriamente en la entrevista concedida a Amy Goodman para el canal de internet *Democracy Now*, si bien marcando una clara discontinuidad con el "comunismo" de los "socialismos reales". Comunismo es entonces no sólo aquello que nombra la redención *siempre por venir* de seculares batallas perdidas por la justicia social –una insistencia política en el lema *beckettiano* "Fail again, fail better"–,[56] sino sobre todo la defensa de *lo común* encarnada en la "idea eterna del comunismo"; esa *historicidad* de lo que señala como el problema de los *commons*, indisoluble hoy del nudo gordiano del capitalismo tardío, en sus tres aspectos: ecología, propiedad intelectual y desafío biogenético.

Hay un cuarto aspecto, sin embargo: el del creciente número de *excluidos* del sistema, tanto en la periferia capitalista, como en su propio centro financiero, cada vez más *proletarizado*.[57] Este cuarto problema de *lo común*, abre la posibilidad *comunista*, pues los *excluidos* ocupan la posición del singular universal, el punto crítico del sistema, que no puede resolverse sin provocar una transformación radical (e inversamente: sin solucionar el cuarto aspecto, pueden resolverse los otros tres sin que por ello se dé paso al comunismo, pasando de hecho a algún tipo de *nueva barbarie*). La *solidaridad* es pues el valor de *lo común* que une este problema a los otros tres y permite vislumbrar una alternativa a la repetición de lo mismo.

De hecho, en el momento revolucionario, la misma noción de *repetición* adquiere nuevos significados: como decíamos antes, la *historicidad* del comunismo puede entenderse como ese momento en el que, inmersos en la irrupción (paralizante y aterradora, también) de un nuevo campo de posibilidades, los participantes perciben cómo la historia "se abre" y deja entrever su continuidad con luchas seculares (frustradas o no), aun si al

56. Congreso *Puissances du communisme*, febrero de 2010
57. Congreso *On the Idea of communism*, marzo de 2009

mismo tiempo saben que no pueden *repetirlas* sin hacer algo *nuevo*. Del mismo modo, en el momento revolucionario también se *repite* el *entusiasmo*, aquella "simpatía moral" de la que hablaba Kant. Zizek recuerda en este sentido cómo el filósofo de Königsberg "interpretó la Revolución Francesa como un indicio que apuntaba hacia la posibilidad de libertad: había sucedido lo que hasta entonces resultaba impensable; todo un pueblo afirmaba sin temor su libertad e igualdad" y despertaba a su vez el *entusiasmo* "en los observadores de toda Europa".[58]

Cuando es interrogado sobre la dificultad de "ser comunista" tras la experiencia "en carne propia" del socialismo real, y tras matizar la diferencia notable entre el llamado "socialismo autogestionario" yugoslavo, "más abierto"[59] y regímenes "como el rumano o el búlgaro", añade que es precisamente su experiencia personal, en primera línea, en los días álgidos de "la apertura" del sistema, lo que le dio una medida auténtica de todas estas facetas del crisol político que emerge en las rupturas del sistema; cuando, por decirlo en términos de Rancière, lo *policial* da paso a lo *Político*.

Por último, y precisamente por este cuidado para con la singularidad del acontecimiento revolucionario, para Zizek la "*Idea eterna del Comunismo*" permite encarnaciones inesperadas, al menos respecto al marxismo más ortodoxo de mediados del siglo XX: en la coyuntura actual el *comunismo* es una *ruptura* en la medida en que repite de nuevo la lucha por la "pereza" que reivindicaba Paul Lafargue o el gesto benjaminiano de tirar del "freno de emergencia" contra la *movilización histérica y continua del capitalismo post-moderno.*[60]

Como encarnando una de sus habituales paradojas, Zizek hace de esa *pereza* un lema político, si bien su propia actividad diaria dista mucho de ser –al menos directamente– pasiva. Parece seguir el ritmo de su hijo pequeño, a toda velocidad entre piezas de Lego, videojuegos, novelas, películas, manuales de

---

58. *Ibíd.,* y "¿Por qué los cínicos se equivocan?", diario *Clarín*, 2008
59. "Slavoj Zizek. Call to Protest", entrevista para *DeutscheWelle* del 2 de enero de 2012
60. "States and empires", conferencia en Turquía del 28 de enero de 2012

autoaprendizaje de idiomas, libros de neurociencias o discos de Rammstein (dice escuchar, aparte de música clásica, sólo rock del período 1965-1975, con el grupo alemán como excepción). Pese a existir un libro dedicado a la lectura zizekiana de Joyce, Zizek admite no disfrutar tanto con su obra como con la de la terna de sus escritores preferidos: Beckett, Kafka y Platonov. Divorciado, quizás es la dosificación la que le permite en los reportajes seguir el ritmo vital de su hijo, nacido en el cambio de siglo. Contrariamente a lo que pueda parecer, preguntado por los valores que privilegia a la hora de educarlo, el primero es el de la disciplina de trabajo y el estudio; después la honestidad y la *politeness*. Dos añadidos: las obscenidades están permitidas, pero el racismo no se tolera.[61] Parece imposible imaginar un día ajetreado en esa casa habitada (esporádicamente, eso sí) por seres tan infatigables.

A partir del año 2008 el capitalismo sí da muestras de fatiga crónica; la *Emergency Economic Stabilization Act* (la ley de "rescate" de los grandes bancos norteamericanos) señala para Zizek otro punto de inflexión en el "consenso democrático-liberal", que finalmente escenifica la erosión definitiva de los "valores democráticos":[62] cuando el sistema colapsa y los "demócratas esperaríamos un gran debate político sobre las causas y soluciones de la crisis", los partidos de centro-derecha y centro-izquierda, como Obama y Bush al apelar juntos al Congreso, están de acuerdo en que es "*el momento de dar paso a los tecnócratas*".

Ante estas fracturas cada vez más evidentes (lo cual no implica *derrumbe necesario* alguno), el compromiso político de Zizek, si bien complejo y discontinuo, sí tiene expresión en intervenciones concretas. En el Reino Unido es conocida su participación en las protestas contra el llamado *Plan Bolonia*, una "reforma tecnocrática" dirigida a potenciar "los vínculos con el mundo de los negocios" de la educación pública, bajo la excusa de hacerla más "accesible a las necesidades sociales" y que, obviando que

61. Entrevista de Aleksandar Stankovic para la televisión croata, en el programa *Nedjeljom u 2*, 13 de mayo de 2012.
62. "States and empires", conferencia en Turquía del 28 de enero de 2012

"la investigación económicamente productiva ha sido siempre un subproducto"[63] de la educación e investigación "puras", no enmascara otra cosa que el retorno a un sistema educativo "para las élites".[64] Las protestas juveniles contra las reformas educativas en toda Europa, suponen uno de los numerosos caudales que desembocarán en el movimiento internacional de "Indignados". Pese a las reservas que mantiene en un primer momento,[65] la posición de Zizek será la de un claro apoyo, no exento de ciertas matizaciones: a los indignados europeos les recuerda que "el cambio no debe centrarse en las personas, en la codicia de unos u otros, sino en el *sistema capitalista mismo*".[66] Sobre el 15m español se pregunta en un primer momento *more Lacaniano*: "Si nadie les representa, ¿a quién están dirigidas sus exigencias?",[67] pero sólo para responder después que en el curso del 2011-2012 este movimiento en España "ha dado un paso adelante, como diciendo: nadie lo va a hacer por nosotros, o nos organizamos o nada". De hecho, Zizek tomará la palabra en *Occupy Wall Street*, como ya habían hecho antes Michael Moore o Judith Butler, en octubre de 2011.[68]

Con su intervención dejamos interrumpida esta pequeña introducción:

> *Ellos dicen que somos perdedores, pero los auténticos perdedores están allí abajo, en Wall Street. Fueron rescatados con miles de millones, nuestro dinero. Se nos llama socialistas, pero aquí siempre hay socialismo para los ricos.*

63. "Zizek talks about EGS" Entrevista de Wei Chan y Christian Haenggi para la European Graduate School, finales de 2006.
64. *Ibíd.*
65. "IQ2 Talk - Great Minds" Conferencia del 1 de julio de 2011.
66. "Slavoj Zizek. Call to Protest", entrevista para *DeutscheWelle* del 2 de enero de 2012
67. Entrevista de Aleksandar Stankovic para la televisión croata, en el programa *Nedjeljom u 2*, 13 de mayo de 2012.
68. Su intervención, por cierto, fue en esencia una *repetición*, en la medida en que las autoridades municipales no habían dado permiso para utilizar megáfonos y cada frase de Zizek tenía que ser "trasladada" a las filas más lejanas por los propios *asistentes*: para escuchar la misma voz, tuvieron que escuchar *otra*...

Dicen que no respetamos la propiedad privada, pero en el derrumbe financiero del 2008 se destruyeron más ahorros y propiedades que las que destruiríamos aquí si lo intentáramos día y noche, durante semanas.

Os dicen que no somos sino soñadores. Los que sueñan son en realidad aquellos que piensan que las cosas pueden continuar indefinidamente tal y como han hecho hasta ahora.

No somos soñadores.

Somos el despertar de un sueño que se ha convertido en pesadilla. No destruimos nada, sólo presenciamos cómo el sistema se destruye a sí mismo. Todos conocemos la escena típica de dibujos animados: el gato llega a un precipicio pero continúa caminando, ignorando el hecho de que ya no hay suelo bajo sus pies. Solamente cuando mira abajo y se da cuenta, es cuando cae. Esto es lo que estamos haciendo aquí. Les estamos diciendo a los de Wall Street, "¡Eh, mirad abajo!"

A mediados de abril de 2011, el gobierno chino prohibió en la TV, en películas y novelas, toda historia que contuviese realidades alternativas o viajes en el tiempo. Esto es una buena señal para China: ellos todavía sueñan con alternativas, por eso deben prohibirles que sueñen.

Aquí no necesitamos una prohibición porque el sistema de poder ha oprimido incluso nuestra capacidad para soñar. Fijaos en las películas que vemos continuamente. Es fácil imaginar el fin del mundo. Un asteroide que destruye toda la vida en la tierra, y cosas así. Pero no podemos imaginar el fin del capitalismo.

Así que, ¿qué estamos haciendo aquí? Dejadme que os cuente un fantástico chiste antiguo de la época comunista. Envían a un tío de Alemania Oriental a trabajar a Siberia. Sabe que sus cartas serán leídas por censores, de modo que les dice a sus amigos: "Establezcamos un código. Si os llega una carta escrita por mí en tinta azul, lo que os digo es verdad. Si está escrita en tinta roja, es falsa". Después de un mes, sus amigos reciben la primera carta. Toda está escrita con tinta azul.

Dice: "Aquí todo es maravilloso. Las tiendas están llenas de buena comida. En los cines proyectan buenas películas occidenta-

les. Los apartamentos son amplios y lujosos. Lo único que no puedes comprar es tinta roja".

Así es como vivimos. Tenemos todas las libertades que deseamos. Pero nos falta la tinta roja: el lenguaje para articular nuestra carencia de libertad. El modo en que nos enseñan a hablar acerca de la libertad, la guerra contra el terror y demás, falsifica la libertad.

Y esto es lo que estáis haciendo aquí. Nos estáis dando a todos tinta roja.

Hay un peligro. No os enamoréis de vosotros mismos: lo pasamos bien aquí, pero recordad, los carnavales son baratos. Lo que importa es el día después, cuando tengamos que volver a nuestras vidas normales. ¿Habrá cambiado algo para entonces?

No quiero que recordéis estos días como "Oh, éramos jóvenes y fue fantástico". Recordad que nuestro mensaje básico es "Se nos permite pensar en alternativas". Si el tabú se rompe, no vivimos en el mejor mundo posible. Pero hay un largo camino por delante. Hay preguntas realmente difíciles que nos aguardan. Sabemos lo que no queremos.

¿Pero qué queremos? ¿Qué organización social puede reemplazar al capitalismo? ¿Qué tipo de dirigentes queremos?

Recordad: el problema no es la corrupción o la codicia. El problema es el sistema: te fuerza a ser corrupto.

Tened cuidado no solamente de los enemigos, sino también de los falsos amigos que ya están trabajando para diluir este proceso. Del mismo modo que tomáis café sin cafeína, cerveza sin alcohol, o helado sin grasa, intentarán ahora hacer de esto una protesta inocua, moralista. Una protesta descafeinada.

Pero la razón por la que estamos aquí es que estamos hartos de un mundo en el que reciclar latas de cola, dar un par de dólares para caridad, o comprar en el Starbucks un capuccino del que el 1% va para los niños desnutridos del tercer mundo, es suficiente para hacernos sentir bien.

Tras externalizar el trabajo y la tortura, después de que las agencias de contactos hayan comenzado a externalizar nuestra vida amorosa, podemos ver que durante mucho tiempo permiti-

mos que externalizaran nuestro compromiso político. Lo queremos recuperar.

No somos comunistas si comunismo significa un sistema que colapsó en 1990. Recordad que hoy aquellos comunistas son los más eficientes y despiadados capitalistas. En China hoy en día tenemos un capitalismo que es incluso más dinámico que vuestro capitalismo americano, pero no necesita democracia.

Lo que significa que cuando critiquéis el capitalismo, no permitáis que os chantajeen con que estáis contra la democracia. El matrimonio entre democracia y capitalismo se ha terminado.

El cambio es posible.

¿Qué percibimos hoy en día como posible? Simplemente fijaos en los medios. Por un lado, todo es posible en el sexo y la tecnología. Podrás viajar a la Luna, ser inmortal a través de la biogenética, tener sexo con animales, o lo que queráis, pero mirad en el dominio de la economía y la sociedad.

Ahí casi todo es considerado imposible.

¿Queréis alzar un poco los impuestos a los ricos? Os dicen que es imposible; perderíamos competitividad.

¿Queréis más dinero para la Sanidad pública? Os dicen que es imposible; acabaríamos en un Estado totalitario.

Hay algo que está mal en un mundo donde se os promete ser inmortales pero no se puede gastar un poco más en Sanidad pública. Quizás debamos dejar claras nuestras prioridades aquí.

No queremos un estándar de vida más alto, queremos un mejor estándar de vida.

El único sentido en el que somos comunistas es en que nos preocupamos por lo común. Lo común en la naturaleza. Lo común de la propiedad intelectual. Lo común en la biogenética. Por esto y solamente por esto deberíamos luchar.

El comunismo fracasó absolutamente, pero los problemas de lo Común están aquí. Os dicen que no somos americanos. Pero a los fundamentalistas conservadores que afirman que son los auténticos americanos habría que recordarles algo: ¿qué es la Cristiandad? Es el Espíritu Santo. ¿Qué es el Espíritu Santo? Es una comunidad igualitaria de creyentes que están vinculados por el amor mutuo, y que solamente cuentan con su propia libertad y responsabilidad.

En este sentido, el Espíritu Santo está aquí ahora. Y allí abajo en Wall Street hay paganos que están adorando ídolos blasfemos. De modo que todo lo que necesitamos es paciencia; lo único que me preocupa es que algún día volvamos a casa para sólo vernos una vez al año, para beber una cerveza y recordar con nostalgia "lo bien que lo pasamos".

Prometeos a vosotros mismos que este no será el caso.

Sabemos que la gente a menudo desea algo pero realmente no lo quiere. No tengáis miedo de querer aquello que deseáis.

Muchas gracias.

Da doble luz a tu verso,
para ser leído de frente
y al sesgo.[69]

Lo que resta en la realidad

Hemos abierto la caja y colocado los primeros libros en el estante, sin prestar demasiada atención, dejando para más adelante el ordenarlos según un orden u otro de preferencia. No sabemos cuántos van a caber, así que esperamos poder calcularlo una vez hayamos colocado los suficientes. Continuamos con la repetitiva tarea, hasta que salimos de la abstracción en la que nos encontrábamos (cansancio, cuánto tiempo queda para cenar, va a llover) y pensamos en qué hueco del estante habría sido mejor colocar este tomo. En principio no parece que el modo aleatorio en el que los hemos ido sacando de la caja haya producido casualmente un orden cronológico, ni que los autores estén todos juntos. Hay dos de un escritor acá, un grupo de cinco sin nada en común allá. Y pese a todo, según coloquemos este último libro, pequeñísimo, en un lugar u otro, aparece un orden diferente.

Si lo colocamos en un lado, es como si aquellos volúmenes inmediatamente anteriores y posteriores se refirieran a él, marcando una diferencia respecto al resto de libros; si acaba en el otro extremo, todo el estante pasa ahora a sugerir un hilo común gradual. En cierto modo, al colocarlo se instituye un orden nuevo en el estante; simultáneamente, también parece claro que los huecos que estaban ahí antes sugerían ya esas dos posibilida-

69. Antonio Machado, *Proverbios y cantares*, LXXI

des, aunque no queda claro que hubiésemos reparado en ellos si el libro fuera cualquier otro. Una vez colocado, todo parece seguir una cierta lógica, y pensando que ya hemos acabado, nos damos por satisfechos (aunque si somos bibliotecarios, en el fondo sabemos que algún día habrá que ordenarlos por el sistema Dewey).

Lo habitual es que no sea así, y en el fondo de la caja encontremos un último tomo, que no tiene espacio ya en el estante, y que para nuestra desesperación habría sido el broche perfecto al nuevo sistema que acabamos de improvisar; es como si ahora al estante le faltara algo... De un modo bastante prosaico, lo que hacemos como seres humanos no se distingue de este *colocar aquí y allá* más o menos elaborado, entre el *bricoleur* y el *ingénieur* de Lévi-Strauss, siempre con restos, siempre con excepciones incómodas. Y sin embargo, leyendo a Zizek veremos que lo que hemos hecho antes es poner en juego también una serie de operaciones filosóficas que se proyectan a numerosos ámbitos, desde la psique humana hasta la frontera en la que la física se ve obligada a plantearse nuevas preguntas.[70]

En conversación con Glyn Daly, Zizek se pregunta si la filosofía tiene en realidad un espacio "normal" de funcionamiento, si hay una oposición entre la esfera política y la filosófica, entendida como *otro* de la praxis, como el envés de la práctica política. Ambas se muestran como nunca coincidentes y de hecho obstáculo una para la otra: "como dijo Marx (partiendo de Heine), los alemanes tuvieron su revolución filosófica precisamente porque no tuvieron revolución política, que tuvo lugar sin embargo en Francia. ¿Hay alguna regla?".[71] De hecho, señala, en los momentos anteriores a los grandes acontecimientos de comienzos del siglo XX, la filosofía se encontraba en un estado "anémico", anquilosada en el neokantismo alemán o la filosofía francesa ejemplificada en Leon Brunschvicq, Alain o la "epistemología cartesiana". Su conclusión es que no hay un papel "normal" para la filosofía y que de hecho –como en los libros de nues-

---

70. Wood, K., *Zizek. A reader's guide*, p. 29
71. *Conversations with Zizek*, p. 53 (trad. cast., *Arriesgar lo imposible*)

tro ejemplo–, son las excepciones las que crean retroactivamente la ilusión de normalidad; además, sería en los momentos en los que los elementos del edificio social dejan de realizar su función propia cuando la filosofía vuelve a emerger, siendo su lugar propio precisamente "las mismas grietas e intersticios abiertos por los desplazamientos 'patológicos' del edificio social". La tarea del filósofo es la de hurgar en estas grietas, buscar entre los escombros que se acumulan en el trasiego cotidiano, atrapado en el vaivén constante de modas, cambios políticos y contrarrevoluciones económicas: "de eso trata la filosofía, no en 'yo como filósofo creo en cierta estructura del universo, etc.' sino en una exploración de lo que se presupone incluso en la actividad del día a día".

Apariencia

Escarbar, explorar, hurgar: todos estos términos remiten a un funcionamiento estándar de la filosofía que opera sobre el binomio apariencia-esencia. Zizek insiste, sin embargo, en la importancia de la *apariencia*: más allá de simplemente buscar los fundamentos últimos bajo la superficie de los fenómenos, la tarea es más bien la de identificar en los procesos materiales los mecanismos (o *pliegues*) que *desde* la superficie engendran sus propios fundamentos.

Un correlato inmediato de esta pretensión filosófica es el capitalismo actual, libre de fricciones, hiperactivo, en el que la imagen ya no representa al producto, sino que es el producto el que *presenta imagen*. Pero Zizek no se limita a ajustar su ontología a los tiempos actuales: su propósito es el de dar cuenta de la *eficiencia simbólica de las apariencias*, señalada ya por Althusser: la reproducción de una ideología se realiza a través de rituales y prácticas "externas", que si bien tienen preeminencia material sobre las creencias "internas" acerca de esos mismos rituales y prácticas, *basan su fortaleza ideológica precisamente en la creencia* de que las apariencias no son importantes y lo relevante es la convicción personal que las precede y subyace: es un primer aspecto de lo que Zizek define como la *ideología cínica del capitalismo postmoderno*.

En la *sociedad del simulacro*, lo que se ha perdido no es la esencia de la realidad, los pilares ocultos sobre los que se apoya un mundo de simulaciones, *sino la apariencia misma*. En el "simulacro, indistinguible de lo real, *todo está ya aquí*", es decir, todo lo real permanece clausurado, encerrado en sí mismo sin posibilidad alguna de que haya otra cosa; ninguna dimensión que lo trascienda puede transparecer en él.[72]

Así, Zizek distingue varios modos de apariencia: tenemos en primer lugar la *apariencia como ilusión subjetiva*, es decir, la realidad que percibe el sujeto de manera siempre distorsionada; en definitiva eso que percibimos pero *podríamos muy bien percibir de otro modo*. Después tenemos la apariencia "*trascendentalmente objetiva*", en cuanto orden que regula la percepción, estableciendo cómo y en qué medida nos hacemos con aquello que *se nos presenta*, cerrando a su vez el acceso a la kantiana *cosa en sí*. Dicho de otro modo: el orden que regula las dimensiones de nuestra percepción frente a aquello que, pese a todo, se *resta* a nuestro alcance. Finalmente tenemos la apariencia como ficción simbólica, entendida como la red social y cultural de significaciones que conforman la substancia social; si se quiere, y enfatizando el plural: *aquello* que (nosotros) *percibimos*.

Por encima de estos dos niveles, Zizek coloca, en un plano más fundamental, la *apariencia como espacio abierto a la transparencia de lo suprasensible*, a través de la cual "lo suprasensible sólo existe en cuanto *aparece como tal*": esto es, la apariencia como el espacio donde sólo hay lo que se nos presenta, y sin embargo nos es más que suficiente para hacer que *transparezca* aquello que no puede aparecer. A esta modalidad Zizek opone la *apariencia que ocupa el vacío constitutivo de la realidad*, es decir, "la apariencia que oculta el hecho de que por debajo de los fenómenos no hay nada que ocultar".[73] Si para nosotros no hay más

---

72. *El espinoso sujeto*, p. 214
73. *Ibíd.*

que aquello que se nos presenta, podemos concebir el "reino" de las apariencias como meramente "abierto" a algo *otro*, o por contra, como un reino de apariencias en el que la propia apariencia enmascara el hecho de que no hay nada más, colocándonos, digamos, frente a la "ficción" de un fundamento más allá de lo sensible.

Con esto en mente podemos dar un paso más, y dejar que Zizek repita la afirmación, de tintes hegelianos, "lo suprasensible es apariencia en cuanto apariencia": lo suprasensible no es simplemente un tipo de entidad más allá de los fenómenos, sino que es aquello que hace de la apariencia meramente apariencia; un pliegue, una casi imperceptible distorsión en la apariencia misma, que la hace *mera apariencia*. La clave de este primer trabalenguas está ahí: no apariencia, sino *mera* apariencia: en ese momento de distorsión –que es lo suprasensible– algo falla en la apariencia, algo falta: el reino de las apariencias es incompleto, y sin embargo no hay nada más allá de él.

Como acabamos de ver en estas primeras tentativas "zizekianas", el binomio apariencia-esencia oscila, se desdobla (sensible-suprasensible) y pliega de nuevo, volviendo a lo que antes concebíamos como "mera apariencia", si bien ahora se nos muestra bajo una nueva luz; al sesgo. ¿Qué ha ocurrido? Zizek recurre en su método expositivo, como veremos más adelante, a una continua búsqueda de elementos opuestos, que normalmente se alternan, intercambian, o diseminan en ternas o multiplicidades. No obstante, en los polos de una contradicción dada, ninguno de los dos es "verdadero" de un modo en el que no intervenga la mediación del otro: ambos, en su mutua oposición, son la verdad, una verdad entera y no obstante incompleta, "*no-toda*", en la medida en que, como veremos más adelante, esconde un resto *espectral*, un suplemento que "pliega" todo el marco común a los dos polos.

En este marco, uno de los opuestos es también el medio a través del que la propia oposición acontece. De este modo es como funciona la *universalidad*, no solamente como lo que se opone a lo que existe de manera *singular*, sino como la auténtica forma de esta misma oposición. En su traducción política, "*la operación [debe ser] la de identificar la universalidad con el punto de exclusión*[74] y en el capitalismo actual, la medida de esta universalidad auténtica yace en "los de abajo", los excluidos del gobierno de sus propias vidas.

Paralaje

Si este libro fuera un documental audiovisual, el recurso más sencillo ahora sería mostrar tres ejemplos, fácilmente reconocibles. El primero, desde luego, sería el cráneo humano, más o menos sutil *vanitas*, incluida por Hans Holbein el Joven en su cuadro *Jean de Dinteville y Georges de Selve (Los embajadores)*, la "mancha" en la parte inferior del cuadro deja de ser tal sólo cuando lo miramos desde el lateral, convirtiéndose en el famoso cráneo, un ejemplo de *anamorfosis*, por lo demás bastante practicado en el siglo dieciséis.

Un segundo ejemplo nos llevaría a otra noción complementaria, la de *paralaje*. En este caso, sin necesidad de irnos muy lejos en el tiempo, podríamos mostrar cualquier videojuego de plataformas de los años noventa: antes de la llegada de las tres dimensiones, la sensación de profundidad y tridimensionalidad en la pantalla se conseguía mediante el desplazamiento relativo de varias "capas" del paisaje. Según se movía hacia adelante nuestro personaje (ya fuera un fontanero italiano, un erizo azul, o un coche lunar –*Moon patrol* fue el primer videojuego en usar esta técnica, llamada *paralaje de movimiento*, en 1982–), las montañas y nubes del fondo se desplazaban también, aunque a diferentes velocidades, dando esa característica (y económica) impresión de profundidad.

Un ejemplo ulterior que nos acercara un poco más a lo que Zizek entiende intuitivamente por paralaje, tendría que combinar los dos aspectos anteriores, el de *anamorfosis* y el de *paralaje de movimiento*. A falta de ejemplos mejores, el más ilustrativo parecería el de *Planilandia*, novela corta escrita por Edwin A.

74. *The Zizek Reader*, p. 178-179

Abbott sobre la "vida" en mundos de una y dos dimensiones: en ella, como ya ilustró Carl Sagan, se hace sorprendentemente vívida la anti-intuitiva idea de las dimensiones superiores a la tercera: para los pobres habitantes de las dos dimensiones, la irrupción de un objeto proveniente de la tercera dimensión no podía sino resultar una incomprensible aberración, una *mancha* inaprehensible y confusa. En este relato el desplazamiento de una percepción a otra se desdobla en varias direcciones, y en cierto modo se *subjetiviza*, en la medida en que podemos ver alternativamente un mundo desde el punto de vista de los otros dos (de una, dos o tres dimensiones) y las fallas por las que unos pueden comunicarse con los otros. Este ejemplo resultaría especialmente pertinente también por la dimensión política –valga la redundancia–, presente ya en la obra del propio Abbott.

No obstante, en rigor habría que acudir a las fuentes filosóficas más inmediatas de las que bebe Zizek. Kojin Karatani, filósofo y crítico literario japonés, retomaba en su libro *Transcritique: On Kant and Marx* la versión de Kant de aquello que él y Zizek denominarán *paralaje* (para que los ejemplos anteriores no nos confundan, hay que aclarar que es una noción perteneciente *fundamentalmente a la óptica y la astronomía*). *Es en su ensayo Los sueños de un visionario* (un ensayo de corte ilustrado sobre la obra del místico Swedenborg) donde Kant afirma:

> *"En otras ocasiones consideré al entendimiento universal humano desde el punto de vista del mío, ahora me pongo en el lugar de una razón ajena y exterior y considero mis juicios, junto con sus motivos más secretos, desde el punto de vista de los otros. Si bien es verdad que la comparación entre ambas consideraciones produce fuertes paralajes, sin embargo, es también el único modo de evitar el engaño óptico y de colocar los conceptos en los lugares adecuados donde deben estar en relación a la capacidad del conocimiento de la naturaleza humana"*[75]

75. Kant, I. *Los sueños de un visionario explicados por los sueños de la Metafísica*, p. 72 (trad. de Pedro Chacón e Isidoro Reguera).

Karatani recalca que no debe entenderse a Kant como si estuviera expresando simplemente el lugar común de que uno no debe ver las cosas solamente desde el propio punto de vista sino también desde el de los demás: la cuestión se juega precisamente en la cuádruple oscilación entre el "punto de vista" del sujeto respecto al mundo, el del sujeto respecto a su propia imagen, el de los *otros* respecto al sujeto, y el punto de vista de la "estricta objetividad",[76] que alcanzó una materialidad más precisa con la llegada de la reproducción mecánica de imágenes y sonidos (Karatani menciona el énfasis de Derrida en la dimensión del *escucharse hablar*). El enfoque kantiano en la *Crítica de la razón pura*, según Karatani, difiere no solamente de la introspección subjetiva, sino también del escrutinio objetivo: aunque en su desarrollo sea un ejercicio de introspección continua, la reflexión trascendental *inscribe en el sujeto* el punto de vista de los otros: el nivel trascendental no podría haber aparecido de no ser por ese mismo "*fuerte paralaje*".[77]

La noción de paralaje, por tanto, expresa el modo en que "la verdad" no es un estado de cosas único del que se derive la visión directa del objeto, que pretendemos conocer sin sufrir la distorsión debida a la perspectiva: el espacio propio de la verdad *no es más que el desplazamiento de paralaje* que separa una perspectiva de la otra: la verdad no es una perspectiva ni una multiplicidad de ellas; se encuentra en la distorsión como tal y no tiene densidad substancial. Así, *lo Real en cuanto paralaje* se muestra como el punto ciego alrededor del cual nuestra visión de la realidad se ve distorsionada; parece ser simultáneamente *la Cosa* a la que no es posible acceder y el obstáculo que evita este acceso. De hecho *lo Real* es en última instancia el cambio de perspectiva de un aspecto al otro.[78] Como veremos acerca del *Anstoss* en Fichte, podemos decir que *lo Real como paralaje* actúa efectivamente como el punto ciego del ojo: parece la incógnita a la que no podemos acceder, el obstáculo que nos impide ver aquello

76. Karatani, K., *Transcritique. On Kant and Marx*, p. 48
77. *Ibíd.*, pp. 49-52
78. Dean, J., *Zizek's Politics*, pp. 53-54

que hay en el punto central de nuestra visión; y *simultáneamente*, no obstante, *es aquello que nos permite ver*, pues es la única salida del globo ocular en la que confluyen las fibras nerviosas y el nervio óptico, llevando al cerebro lo que será procesado como información visual.

Excepción

Zizek relee la dialéctica hegeliana, que como veremos no tiene nada de "síntesis final de todas las diferencias", como un continuo proceso de pliegue del resultado sobre sí mismo, intentando encontrar dentro de cada universalidad la *excepción* que la hace posible. Como veremos respecto a la lógica del significante, la totalidad se divide en sus partes, pero se ve "acechada" por un resto paradójico, imposible y contradictorio, que sin embargo la sostiene.[79] El universal, más allá de la suma de particulares, es el singular, el cortocircuito del particular "imposible".

Retomemos nuestra (pequeña) totalidad, encarnada en aquel único estante de libros. El conjunto ordenado de los libros, colocados ya todos, se define por algo más que la suma, ya que es irreductible a la enumeración de todos y cada uno de los que yacen en el estante; por separado, difícilmente podían relacionarse unos con otros, pero colocado el último libro (si bien el hecho de que lo colocáramos en último lugar es irrelevante ahora) ya podemos decir "este es el estante de ...".

De cada uno de ellos puede decirse ya que representan de cierta manera específica el "estante de ..." (son instancias particulares), pero ninguno lo hace de un modo completo. Siempre hay un resto, una ausencia: se trata de la relación entre todos ellos, que se encarna como un elemento más en el conjunto y sin embargo es un elemento ciertamente paradójico,[80] una *singularidad* que no podemos encontrar en el estante. En este sentido, en política el *singular universal* es un grupo que, aunque carez-

79. *The Zizek Reader*, pp. 76-77
80. Cfr. *L'isterico sublime*, pp. 53-61

ca de lugar en el edificio social, se presenta como la encarnación inmediata de la *sociedad como tal*. Sin embargo este y cada uno de los demás ejemplos de excepción universal no poseen este carácter excepcional *como una propiedad inherente*: la superposición de particular y universal en determinado grupo social no implica su identidad inmediata sino que hay un exceso, un resto que la impide constantemente. El potencial revolucionario como *singular universal* está más bien inscrito en esta fractura inherente a su posición de *particular* dentro del orden socioeconómico.[81] Dicho de otro modo; el operario de una fábrica tailandesa que intenta hacer huelga por mejores condiciones salariales y el oficinista norteamericano cuyo trabajo creativo es desde el primer momento *propiedad intelectual* inalienable de la empresa para la que trabaja, representan instancias *particulares* insertas en el orden capitalista nacional y global; en la medida en que sus demandas se diluyen en soluciones asimilables por el sistema (un dólar más por hora trabajada, una compensación por la "apropiación" de un programa informático diseñado para la empresa) son expresión de su inclusión *particular* en el orden capitalista. Pero en el momento en que sus demandas se vuelven *imposibles* (participación de los trabajadores en las decisiones de la fábrica, universalización de la propiedad común intelectual), ambos se colocan en la posición de la *parte sin parte* del orden global: el proletariado como *singular universal* del capitalismo.

Materialismo

La noción de materialismo que propone Zizek es sin duda, "anti-intuitiva". Su intención es precisamente la de corregir el punto de vista habitual que concibe el materialismo como afirmación cruda de la realidad objetiva de la naturaleza y simultáneamente replicar a las críticas que señalan que su teoría no da cuenta de cómo la realidad es un "constructo contingente socio-

81. *The Zizek Reader* pp. 111, 183, 184, 199

simbólico" (en otras palabras, que su teoría no permite afirmar que la realidad está totalmente determinada por las prácticas discursivas y sociales), ya que "esencializa" un aspecto de la realidad social (lucha de clases, diferencia sexual) en en el ámbito pre-discursivo.

Efectivamente, Zizek rechaza un constructivismo socio-simbólico completo y total, y afirma *lo Real* (en el sentido lacaniano que veremos más en detalle) como su límite. La tesis de Zizek es el vínculo entre el materialismo y el carácter ontológicamente incompleto, *no-todo*, de la realidad. Entre los numerosos ejemplos que conjura para ejemplificar este punto (especialmente en *Visión de paralaje*), quizás el más expresivo sea el de la realidad virtual; en un medio de este tipo, los programadores no necesitan simular *todos* los aspectos de la realidad, sino simplemente los aspectos que hacen de la simulación algo *realista* para el que los experimenta. "Si hay una casa en el paisaje, no necesitamos construir todo el interior de la casa, puesto que esperamos que el participante no entre ella; del mismo modo, en la construcción de un personaje virtual no es necesario el detalle de agregarle órganos o huesos": no es que la *realidad material no sea todo lo que hay*, sino que la *realidad material es no-toda*; "esta es la auténtica fórmula del materialismo".[82]

Un punto de referencia a este respecto es para Zizek la obra de Quentin Meillassoux, en la que encuentra un intento de actualización para el siglo veintiuno de *Materialismo y empiriocriticismo* de Lenin.[83] Meillassoux comienza con la cuestión de la "ancestralidad": cómo puede la filosofía trascendental, que en su versión más simplificada afirmaría que toda la realidad estaría constituida subjetivamente, dar cuenta de afirmaciones acerca de los procesos naturales que tuvieron lugar antes del desarrollo de la humanidad. Dentro del enfoque trascendental, el horizonte último de la subjetividad es el de la finitud humana, el hecho de que el ser humano no pueda *ir más allá* de su imbricación con el mundo. Meillassoux es consciente de las sutilezas del enfoque

---

82. *With defenders like these...* pp. 221-223
83. *An answer to two questions*, p. 214

trascendental, cuya versión menos fuerte sería el "correlacionismo", la idea de que sujeto y objeto solamente *son dados* en cuanto ya desde siempre interrelacionados: no hay sujeto fuera de esta co-implicación con la realidad. Por esta misma razón, cada realidad abierta para los sujetos es siempre de por sí una realidad abierta dentro de cierto "*mundo de la vida*", o en términos de Lukács, dentro de la naturaleza como categoría *inherentemente socio-histórica.*

Este "correlacionismo", señala Zizek, puede fundarse en varias modalidades: el subjetivismo de Fichte, entendido como auto-proyección del sujeto que origina la relación sujeto-objeto; la postulación de la correlación sujeto-objeto como *Absoluto* en Schelling; y finalmente, la posición estándar del siglo veinte, la aceptación de la correlación misma como horizonte insuperable.

Sin embargo, todas estas posiciones comparten una misma incapacidad para proporcionar una explicación satisfactoria de la "*ancestralidad*", continúa Zizek, pues la descripción de ese mundo más allá del humán que lo experimenta no es sino una descripción de cómo este pasado aparece dentro del horizonte de existencia humano.

En este horizonte, el desarrollo de ciertas orientaciones religiosas dentro del clima post-secular contemporáneo no es un regreso a tiempos pre-modernos, sino un resultado *necesario* de la razón crítica occidental: en la Ilustración kantiana la crítica de la religión acabó siendo crítica de la razón misma, en un movimiento de auto-limitación de la razón que abrió un espacio para la fe religiosa, solamente que esta vez no para el "Dios de los filósofos", el Dios cuya existencia y características pueden ser acotadas por el razonamiento, sino para el dios paradójico, abismal, divinidad de la "Otredad radical", más allá del logos: desde el "Dios más allá del Ser" de Lévinas, al giro reflexivo de la Deconstrucción hacia sus propias condiciones "indeconstruibles". La presuposición de la "muerte de la muerte de Dios" es que la Ilustración llevada hasta las últimas consecuencias abre su propia negación.

Es efectivamente cierto que el "escepticismo" ahora predominante acerca de las narraciones seculares de la Ilustración es el anverso del giro "post-secular" en el que la religión se muestra como "un espacio de resistencia contra las alienaciones de la modernidad occidental":[84] Dios ya no es el Ser Supremo vigilando el destino de los hombres, sino que se considera ahora como "un nombre de esa apertura radical, la esperanza por un cambio, el deseo de una Otredad-siempre-por-venir". Para Zizek y Meillassoux el origen de esta "muerte de la muerte de Dios" está en el criticismo kantiano mismo, en la confusión entre rechazo de la filosofía dogmática y rechazo de toda referencia conceptual al Absoluto, como si Absoluto y contingencia radical fueran incompatibles. Cuando Kant prohíbe pensar el Absoluto (puesto que lo nouménico, el ámbito de *la inaprehensible cosa en sí*, está más allá del alcance de la razón), este no desaparece por ello, sino que tal delimitación del conocimiento humano abre de hecho un nuevo acceso a él. De este modo la crítica ilustrada de las ideologías y de todo dogmatismo "culmina en un inesperado resurgimiento del *credo quia absurdum*".[85]

Por qué hay Ser y no más bien la Nada

Llegados a este punto, Zizek se pregunta cómo se extrae, a partir de un materialismo de la "contingencia radical del Ser", horizonte contemporáneo por antonomasia, el hecho de que "haya algo en vez de nada". El salto de la noción universal a la realidad concreta es siempre contingente, en la medida en que la existencia de una entidad no puede aseverarse a partir de la necesidad de su propia noción; si un Ser es necesario, no obstante puede no existir.[86] Por contra, si en los juicios universales de la filosofía tradicional puede predicarse su veracidad sin que sea el caso que las entidades implicadas existan efectivamente

---

84. *Ibíd.*, pp. 214-216 y ss.
85. *Ibíd.*
86. *Ibíd.* p. 218

("todos los unicornios tienen un solo cuerno"), y si con las predicaciones singulares ("algunos unicornios tienen un solo cuerno") se presupone la existencia de algunas de las entidades nombradas, en la lectura de Zizek *con* Meillassoux si el Ser es radicalmente contingente, entonces algo contingente *debe* existir.

Aquí Zizek se separa de la lectura que Meillassoux realiza de Hegel y defiende que la rehabilitación que Hegel realiza de la famosa "prueba ontológica" de la existencia de Dios no cae en la tergiversación del primer tipo de juicio necesario, pues su punto de partida es la del segundo tipo de afirmación: la pura contingencia del Ser.

En el despliegue de este Ser radicalmente contingente, Zizek recuerda que Hegel no es un filósofo de la armonía inmediata y universal del Ser, en la que los opuestos vivan en una identidad eterna. Pero tampoco es un filósofo del movimiento y desarrollo absolutos: frente a la noción habitual, que entiende el movimiento como el despliegue de contradicciones y la no-contradicción como la auto-identidad estática e intemporal, si hay cambio y temporalidad es porque "las cosas no pueden ser directamente A y no-A; solamente pueden cambiar gradualmente de A hacia no-A. Hay *Tiempo* porque el principio de identidad y no-contradicción *resiste* la afirmación directa de la contradicción".

Por ello el sistema hegeliano es en cierto modo "estático": toda evolución está contenida en la auto-identidad atemporal de una noción. Sin embargo, para Hegel la contradicción no se opone a la identidad, sino que es su componente más importante. La contradicción no solamente es lo *Real-imposible* en virtud del cual ninguna identidad puede ser plenamente autoidéntica (siempre hay un *resto* en la operación por la que algo es idéntico a sí mismo); la contradicción *es* la pura autoidentidad como tal, la coincidencia tautológica de forma y contenido, género y especie, en la afirmación de identidad.

Así es como nos vemos transportados al comienzo de la *Ciencia de la Lógica* hegeliana: el paso de la primera identidad de opuestos, *Ser* y *Nada*, al *Devenir*, esto es, el paso de la identidad de esos dos "primeros" opuestos al paso ulterior, precisamente más allá de esa identidad que de quedarse así definida no sería más que una estaticidad inerte. Este paso se da porque Ser y Nada no son *idénticos* de una manera inmediata y directa: el Ser es la primera determinación formal-nocional, cuyo único contenido es la Nada: el par de opuestos Ser/Nada forma la mayor contradicción posible y en esta imposibilidad se desvela el devenir, como la oscilación entre ambos.[87]

Volvemos así a la temática del Ser radicalmente contingente. La absoluta necesidad de lo contingente está vinculada al ámbito del espacio nouménico kantiano. Zizek entiende el "giro copernicano kantiano" no en el sentido de que las *condiciones de experiencia de los objetos* son al mismo tiempo *condiciones de posibilidad de los objetos mismos*, como si el sujeto, colocado en la posición central, constituyera los objetos de conocimiento, sino que, "haciendo girar al espectador y dejando las estrellas en reposo",[88] Kant optaría, según Zizek, por hacer al sujeto "rotar alrededor de su propio vacío interior" (la *apercepción trascendental*), más que por cambiar su centro de "traslación".

El sujeto mismo se alza sobre un vacío y *sobre la perplejidad ante* la facticidad inerme que encuentra frente a sí. En este punto, no hay que leer, advierte Zizek, la facticidad "sin *por qué*" de la realidad como el signo de una irremediable finitud en virtud de la cual el sujeto se ve alejado indefinidamente del conocimiento: como hemos visto ya, *el obstáculo que impide acceder al objeto es el objeto mismo*:

> *Meillassoux hace el mismo movimiento en lo que respecta a la facticidad y la contingencia absoluta: transpone lo que a los partidarios de la finitud trascendental les parece una limitación de nuestro conocimiento [...] como la más básica propiedad positiva ontológica de la realidad misma; lo absoluto es simplemente la*

87. *Ibíd.* p. 219
88. Kant. I., *Crítica de la razón pura*, ed. Alfaguara, Madrid, 2000. De las diferentes traducciones que señala Zizek de "die Zuschauer sich drehen", la traducción castellana de Pedro Ribas opta por la misma versión que Zizek utiliza para defender su posición.

capacidad-de-ser-otro como tal. [Esta] no es una posibilidad resultado de mi incapacidad para conocer, sino que es el conocimiento de la misma posibilidad real en el corazón mismo de lo en-sí: debemos mostrar cómo el pensamiento, lejos de experimentar sus límites intrínsecos a través de la facticidad, experimenta su conocimiento de lo absoluto a través de la facticidad. La fractura que separa a la finitud humana del en-sí es inmanente a lo en-sí mismo.[89]

Recapitulando: de este modo se imprime un viraje materialista a la *prueba ontológica*, apoyado sobre el término mediador principal (en la *prueba ontológica*, la perfección divina, en la *versión materialista*, la imperfección): no es que el hecho de que podamos pensar la posibilidad de un Ser Supremo (o *el Absoluto de la totalidad efectivamente real*) implique su existencia efectiva, al contrario; es el hecho de que podamos pensar la posibilidad de la absoluta contingencia de la realidad, la fractura entre el modo en que la realidad se aparece a los sujetos y el modo en que es *en-sí*, lo que implica su existencia efectiva: "si podemos pensar en nuestro conocimiento de la realidad [...] como radicalmente fallido, tan radicalmente diferente de lo Absoluto, entonces este abismo entre aquello que es *para-nosotros* y lo que es *en-sí mismo* debe ser parte del Absoluto mismo, de modo que la característica que parecía alejarnos indefinidamente del Absoluto es la única característica que nos une *directamente* con lo Absoluto".[90]

Sujeto

Como hemos podido ya comprobar, el sujeto juega un papel central en el pensamiento de Zizek; de hecho gran parte de su obra puede leerse como una defensa de la categoría de *sujeto*[91]

---

89. *An answer to two questions*, p. 230.
90. *Ibíd.*, p. 226
91. Cfr. Reseña de Franck Fischbach, *Actuel Marx* n° 43 *Critiques de l'ideologie*, 2008, pp. 206-207, y Sharpe, M., *Slavoj Zizek: A little piece of the real*, pp. 5-6

para la ontología política. Toda teoría política debe tener una noción eficaz de subjetividad si quiere poder responder a los problemas planteados por las diversas teorías de la ideología, y también conformar una *praxis* política que vaya más allá de la *pseudo-actividad.*

A diferencia de muchos filósofos de finales del siglo XX, Zizek afirma que el *cogito* cartesiano es la base paradójica sobre la que se construye el sujeto; sin embargo, mientras que la mayor parte de ellos interpretan este *cogito* como un 'yo' sustancial, transparente y plenamente autoconsciente, Zizek propone un *cogito* como espacio vacío: *aquello que resta* cuando todo el "mundo de la vida" del sujeto es eliminado: como veremos más adelante, en compensación por esta fractura constitutiva, el orden simbólico ocupa el vacío y recupera la *pérdida de mundo* mediante un proceso de subjetivización en el que surge una identidad y un *Yo.*

El *cogito,* pues, no es una entidad sustancial, sino una función estructural pura, que sólo emerge en los intersticios de las matrices que definen las identidades comunitarias;[92] es por esto que Zizek encuentra un vínculo entre la *emergencia (histórico-filosófica) del cogito* y la desintegración y pérdida de estas identidades, con el desarrollo industrial, la reforma radical sociocultural que llevó a cabo el capitalismo en Europa y su posterior ampliación al resto del globo.

Se han mencionado dos términos, tanto "sujeto" como "Yo". La diferencia aparece, entre otros textos, en *El acoso de las fantasías*: aquí distingue Zizek entre el "Yo" como máscara de *identidad substancial* que los sujetos hacen suya cuando son interpelados por la ideología y "sujeto" como punto carente de sustancia, vacío constitutivo desde el que *habla el individuo*, sin que este pueda dar nunca plena cuenta de él.

Junto a Kant, Zizek corrige el enfoque sustancialista de Descartes, donde el *cogito* debía ser una *cosa pensante.* Aunque acompañe a todas las percepciones del sujeto, el *Yo pienso (Ich denke)* de Kant no es un objeto sustancial: de otro modo (como

92. Cfr. *Visión de paralaje*, p. 19

repite Zizek en muchos de sus ensayos sobre cine) se estaría cayendo de nuevo en la escena fantasmática del observador que pretende poder verse a sí mismo observando la escena: *el sujeto que contempla los objetos del mundo no puede verse a sí mismo 'mirando'*.

Sin embargo, ni para Zizek ni para Lacan esto supone la pérdida de auto-reflexividad del sujeto. En la medida en que un sujeto puede verse a sí mismo, no lo hace como sujeto, sino como otro objeto representado más, lo que Kant llama "yo empírico". El sujeto *sabe que es algo*, pero no puede ni podrá saber "*qué Cosa es en lo Real*". Por esto es por lo que el sujeto busca su identidad en la vida social y política e intenta a través de ella reparar la fractura que lo define; una fractura que rasga el tejido del Ser, y no un elemento cognoscible de este último.

No obstante, Zizek niega la conclusión de que el sujeto sea algún tipo de entidad suprasensible; el sujeto no es algo más allá de la realidad fenoménica. De afirmarse esto último, se estarían repitiendo las líneas características de todo relato *ideológico*, así como las de la *fantasía fundamental* en psicoanálisis: por contra, el sujeto no es sino un *pliegue* en la superficie de la realidad; un punto desde el que la substancia se *percibe a sí misma*, si bien *al sesgo*, de manera siempre parcial y distorsionada.

Este vacío constitutivo de la subjetividad, no obstante, es "estrictamente correlativo de la emergencia, en lo Real mismo, de una mancha que *es* el sujeto mismo".[93] Esta mancha es el *objeto a*, "*la 'materia' de la que está hecho el sujeto, entendido como forma vacía*", y la paradójica relación entre el sujeto y el *objeto a*, se explica porque el sujeto no puede emerger sin la postulación de un objeto en el mundo, una "pequeña porción de lo Real" que no es sino el "correlato objetivo"[94] del sujeto.

Hay tres dimensiones de la subjetividad, *deseo, emoción* y *creencia*, que muestran aspectos de la subjetividad *íntimos* sólo en apariencia, pero que están en realidad constituidos y des-centra-

---

93. *Las metástasis del goce*, pp. 55-56
94. Cfr. *Tarrying with the negative*, pp. 9-23 y Sharpe, M., *Slavoj Zizek: A little piece of the real*, p. 141

dos en el campo *exterior al sujeto*. Como veremos, para el sujeto, construido sobre *lo inconsciente*, las estructuras más profundas de sus motivaciones e intenciones no pueden ser concebidas fuera de sus interacciones con el mundo: el *inconsciente* nombra precisamente esta problemática inmersión del sujeto en *lo otro de sí*.

Sujeto y política

Hablaremos también del papel de la *voz*, como *cuerpo* íntimo y exterior a la vez. Para Zizek, por otro lado, el superyo es un cuerpo extranjero que el sujeto guarda en su propio núcleo y que impide que pueda alcanzar la identidad plena consigo mismo. Ambos aspectos entran en juego en el análisis del poder: hay una conexión entre esta dimensión (por ejemplo la de la *voz* en ciertas circunstancias) llamada *objeto a*, como *exceso* que fija el sentido de la realidad del sujeto, y el hecho de que el "gran Otro" ideológico deba recurrir a un conjunto *suplementario* "obsceno" de imperativos. Esta conexión se percibe mejor a través de la función de lo sublime: para Zizek, del mismo modo que el lado "superyoico" y obsceno de la autoridad debe mantenerse como suplemento oculto e inconfesado del discurso oficial, el *objeto a* es algo que solamente puede captarse "*al sesgo*". Ninguno de los dos constituye algo cuyo desvelamiento por parte del sujeto le procure placer, ni un sentido de pertenencia al mundo; lo que experimenta al vislumbrar esta dimensión es *goce* (que como veremos, no es precisamente "placer") y la sensación de estar encarando algo *fuera de este mundo*.

La posición de Zizek es que la categoría lacaniana de *fantasía fundamental*, que describe la relación del sujeto con el *objeto a*, es vital para concebir la *interpelación* del sujeto en términos de la ideología dominante.

En la interpelación ideológica, como se verá en los capítulos dedicados a la ideología, el objeto a participa junto al superyo como la *mirada* y la *voz* de la autoridad, haciendo efectivo el *imperativo de goce*, introyectado inconscientemente por el sujeto.

En definitiva, es el recurso de Zizek a la noción de *fantasía fundamental* para describir la relación del sujeto con el *objeto a*, lo que subyace a la solución de Zizek del dilema planteado por el cinismo moderno frente a los modos tradicionales de la crítica de la ideología. Lo que le permite demostrar el papel del cinismo (concebido como distancia cínica y no al modo del *quinismo* o *kinismo* de Sloterdijk) en la ideología del capitalismo tardío es precisamente la distancia entre el conjunto de individuos, la Ley y su contraparte *superyoica* obscena: "el cínico se mofa de la ley desde la posición de su contraparte obscena que, consecuentemente, acaba dejanto intacta". La distancia cínica y su apoyo en una *fantasía* son estrictamente correlativas: el sujeto típico de este capitalismo tardío es para Zizek el que, mientras despliega una desconfianza cínica respecto a toda ideología pública, se refugia en fantasías paranoicas acerca de conspiraciones, amenazas y formas excesivas de *goce* en el Otro.[95]

Por adelantar algo más en detalle, podríamos decir que el argumento de Zizek consiste en que la *fantasía ideológica* tiene la misma función estructural en la economía política del goce de los sujetos que el *esquematismo trascendental* kantiano respecto a la constitución subjetiva de lo empírico. Frente a la idea de *fantasía* como aquello que se "sueña de día", aquellas ensoñaciones en las que se escenifica la satisfacción de los deseos del sujeto, Zizek señala que la *fantasía es* la que enseña a los sujetos *cómo desear*: los objetos del mundo pueden poseer, o no, un *algo indefinido*, algo que "es más que ellos mismos", y lo hacen gracias a una *escena fantasmática* que da consistencia al deseo del sujeto. También debe recordarse aquí que la ontología del sujeto de Zizek implica siempre un sujeto *social*: como se verá, puesto que el deseo es siempre *deseo del Otro*, la dimensión intersubjetiva está siempre presente en este ámbito de la constitución de la fantasía.

Dicho esto, la pertinencia política de la *fantasía fundamental* se basa principalmente en el paralelismo entre la pretensión del niño de averiguar *qué es para los otros*, según el psicoanálisis, y

95. *Gaze and Voice as Love Objects*, pp. 101

el proceso de *interpelación ideológica*, mediante la cual el sujeto busca un lugar en la red intersubjetiva de relaciones simbólicas. En otras palabras, el niño, al afrontar la compleja matriz inter- subjetiva de su vida familiar, siempre sabe que de *algún modo tiene un lugar en el mundo*, pero nunca sabe *qué es para los otros*. Esta situación de incertidumbre subjetiva anticipa la situación del adulto *interpelado* por el *Otro de la Ideología dominante*.

Este mandato del Otro es siempre *arbitrario*; y su eficacia es ajena a cualquier propiedad y características intrínsecas del suje- to. Dada la incertidumbre del sujeto respecto al deseo del otro, el *objeto a* es el "tesoro secreto" que garantiza una consistencia (fantasmática) del sujeto, lo hace digno del *deseo del Otro* y por consiguiente, justifica la interpelación del *Otro de la Ideología dominante*. Esto es, por cierto, el motivo por el que Zizek llama al *objeto a* el "sublime objeto de la ideología"; y dentro de una posible "economía política del goce", el *objeto a* estaría presente en aquellas actitudes y prácticas en las que las ideologías deben basarse para poder reproducirse.

Una ontología política

Como hemos mencionado ya, el enfoque de lo político en Zizek tiene como pilar fundamental la defensa de la *categoría de sujeto*. También hemos comentado cómo la subjetividad es esen- cialmente una *falta* que sin embargo ninguna ideología domi- nante (ni esfuerzo alguno por parte del sujeto) puede *llenar* o, en última instancia, dar cuenta de ella: es por consiguiente en ese punto, en la X inasimilable que es el sujeto, donde se pone irre- mediablemente en juego toda posibilidad transformadora y revolucionaria. Aclaremos que esto último no se afirma en el sentido de una mera transformación personal y solipsista (a la manera de la auto-ayuda o el *coaching filosófico*) ni tampoco en el sentido de buscar una interpretación que fuerce aquello que sabemos del capitalismo actual para encontrar posibilidades revolucionarias donde no las hay: como indica el poco optimista título de uno de sus últimos libros, *Vivir en el fin de los tiempos,* Zizek no pretende "salvar la revolución con una ontología".[96]

Lo que la ontología política de Zizek pretende conseguir, sobre todo en su crítica y reconstrucción del *cogito cartesiano,* es comprender los procesos de *subjetivación* de los mecanismos de coerción y el papel de la ideología en el sistema de dominación capitalista:[97] esto no supone nada más (y nada menos) que delinear los límites del sistema, y las posibles fronteras de una *revolución por venir.* Efectivamente, ningún régimen político puede mantener el consenso si la ideología dominante no proporciona a los sujetos un espacio tanto de *distancia respecto a sus normas explícitas* como de *identificación* (velada) con un resto *sublime* de verdad que sostenga el *goce* y articule lo que Zizek llama la *fantasía Ideológica.*

En todo régimen, el *gran Otro* que lo representa *no existe*: sin embargo su eficacia política depende de que no cese la reproducción de *creencias* de los sujetos (no tanto la creencia en el régimen político en sí, como *la creencia en la creencia de los otros*) ni el goce que experimentan con ellas. La clave está, sin embargo, en que para Zizek el objetivo no es sólo identificar *la falta en el gran Otro,* su no-existencia, sino la conexión entre esta y la no-existencia del propio sujeto.

---

96. Sharpe, M., *Slavoj Zizek: A little piece of the real,* pp. 4-6 y cfr. p. 100 respecto a la cita de Axel Honneth, que afirmaba lo mismo acerca de Cornelius Castoriadis.
97. Malinverno, N. *Dall' immaginario all'ideologia nel pensiero di Slavoj Zizek,* p. 10

Toda verdad decidla
pero al sesgo.
El éxito mora en rodeos
demasiado brillante para nuestro doliente deleite
la verdad soberbia sorprende

como el relámpago a los niños
que una buena explicación tranquiliza
la verdad tiene que deslumbrar gradualmente
o todo nombre será ciego.

Emily Dickinson

Un "frío despliegue maquínico del pensamiento"

Uno de los aspectos más inmediatamente reconocibles en un texto de Zizek es el uso constante de ejemplos, sea bajo la forma de digresiones, anécdotas, metáforas fílmicas o diversos lances literarios. Como ilustra la cita que precede al primer capítulo, su uso forma parte del "ritual" mediante el cual construye sus textos, y es innegable que constituye también un deliberado añadido a lo que de otro modo no sería sino un "espeso libro de filosofía" (con el que Zizek lleva años amenazando, también es cierto: el borrador de *Less than nothing*, su esperado ajuste de cuentas con la filosofía hegeliana, tenía más de 1200 páginas). Es más, el uso de este tipo de recursos no es ni mucho menos esporádico; es algo constante, de unos libros a otros, de modo que a los arcos argumentativos desplegados en una u otra serie de textos, podríamos sumar otros, caracterizados por el uso intensivo de ciertos ejemplos o anécdotas, y su posterior abandono.

Un primer comentario de esta particular "economía de escritura" nos ayudará a ir entrando en los espacios filosóficos en los que Zizek se coloca.

Si el espíritu es un hueso, la lógica procede mediante excepciones

En este caso la ventana por la que vamos a empezar a asomarnos, como no puede ser de otra manera, es una observación al hilo del "método" (comillas en extremo necesarias) de Hegel.

¿Es todo ejemplo "neutro"? Si hay un modo en que una noción puede ponerse a prueba es precisamente siendo adecuadamente ejemplificada; sin embargo, puesto que un ejemplo nunca se limita a reproducir una noción cualquiera, siempre hay un resto, una diferencia inasimilable en sus propios términos y que nos "dice habitualmente lo que no funciona en esa noción".[98] Siguiendo los pasos hegelianos, la crítica de determinada práctica social (o más bien *existencial*) se produce por la mera ejemplificación; al mostrarla con precisión, en su misma presentación *aparece un resto* que permite que el "ejemplo socave aquello mismo de lo que es ejemplo".

La diferencia entre el uso idealista y materialista de los ejemplos, por tanto, consistiría en que en el enfoque "platónico-idealista" los ejemplos son siempre imperfectos, incapaces siempre de dar cuenta plenamente de aquello que pretenden ejemplificar, estableciendo así esa prudencia teórica casi instintiva con la que los tratamos habitualmente.

Por otro lado, para el enfoque "materialista" siempre *hay algo más* en el ejemplo, un resto reprimido que es desvelado en los límites del ejemplo: es así como Zizek sugiere un materialismo latente en el proceder filosófico desarrollado en la *Fenomenología del espíritu*: cada figura de la conciencia es presentada y ejemplificada, para después verse minada por su propio ejemplo.

98. *Conversations with Zizek*, p. 43

El "idealismo platónico" debe enumerar ejemplos numerosos y diversos; puesto que ningún ejemplo alcanza la riqueza de la Idea, se requiere una infinidad de ellos para sostenerla como punto de referencia fijo de todos ellos. Por el contrario, el materialismo de Zizek comenzaría repitiendo el mismo ejemplo "volviendo a él obsesivamente", puesto que es un ejemplo *particular* el que permanece constante en todos los universos simbólicos, y siendo la noción universal que ejemplifica la que cambia en todos ellos, tal ejemplo "es el *singular universal*: una entidad singular que permanece como el universal en la multitud de sus interpretaciones".[99]

Desde luego, este cambio de perspectiva parece ilustrar una intencionalidad concreta, un uso del ejemplo que pretende tener aspiraciones de método, pero en la medida en que los chistes o anécdotas no sólo son vehículos de un contenido teórico, sino que tienen un efecto retórico innegable (y no siempre positivo, como emerge claramente de muchas de las críticas que reciben), las preguntas que se hace Robert Pfaller no dejan de ser pertinentes:

> *¿Es verdad que el duro trabajo teórico es realizado por los conceptos mientras que los chistes ofrecen la parte divertida? ¿O es posible que haya una función teórica para los mismos chistes?*[100]

El ejemplo es tomado como recurso que hace visible lo que en principio no puede verse en lo ejemplificado. Pfaller señala que, en vez de ser la ilustración de una idea, el ejemplo funciona en Zizek más bien como la caricatura de otro ejemplo; de este modo, los ejemplos se comentarían entre sí, funcionando "más bien como mitos, en la medida en que Lévi-Strauss señalaba que un mito puede funcionar como interpretación de otro".

Encadenados, los ejemplos que Zizek acumula alrededor de determinadas temáticas parecen funcionar como instancias

---

99. *With defenders like these...* p. 235
100. Robert Pfaller "Interpassivity and Misdemeanors: The Analysis of Ideology and the Zizekian Toolbox", p. 2

independientes, que al ir remitiéndose unas a otras, van alejando progresivamente la noción original del sentido que se le podría atribuir en un primer momento lógico, hasta invertir su posición y desvelar cómo la "idea" aparente (una idea preconcebida sobre la dialéctica de Hegel, o el fetichismo de la mercancía en Marx, o determinada relación afectiva) en realidad no habría sido sino un *ejemplo en sí misma*, desplazando así el papel del ejemplo, de lo *particular* al *singular universal*.[101]

De modo que si este procedimiento tiene algo que ver con el materialismo, sería porque en primer lugar toma partido por el *singular universal*, y en segundo lugar nos sitúa en un espacio teórico concebido no sólo como campo de ideas, sino de imágenes que nos mantienen cautivos, de experiencias que nos ciegan; abriendo así la posibilidad de que se desplieguen nuevos impulsos que puedan romper con los esquemas simbólicos previos.

Compañías anómalas

Una segunda característica inmediatamente reconocible es la cantidad de interlocutores que aparecen, como decíamos más arriba, "invocados" en las páginas de sus libros. La modalidad de esta interlocución, múltiple y constante, nos remite enseguida a un lugar común de la historia de la filosofía, el *diálogo*, como inauguración de una época intelectual y como espacio mítico de toda producción teórica. Como todo momento inaugural, sin embargo, este se construye mediante la obliteración de un tiempo anterior, como un nuevo comienzo que se establece como punto originario de autenticidad, enfrentado a un escenario exterior donde la verdad está extraviada. Por el contrario, para Zizek los diálogos platónicos son "diálogos" fingidos, en los que el auténtico intercambio de ideas se nos hurta, reemplazado por un monólogo encubierto. Pero no es una cuestión específica de la obra platónica:

101. Robert Pfaller, op. cit., p. 6-7

Muéstrame un diálogo que realmente haya funcionado. ¡No hay ninguno! Desde luego ha habido influencias que pasan de un filósofo a otro, pero siempre puede demostrarse que realmente eran malentendidos. Creo que con todos los filósofos radicales, auténticos, hay un momento de ceguera.[102]

Hay un rastro aquí de la influencia mutua de Zizek y Kojin Karatani. Afirma este último en su libro *Transcritique*, que

la filosofía que comienza con la introspección-reflejo queda atrapada dentro del abismo especular de la introspección. Por mucho que intente introducir la posición del otro, esta situación nunca se ve alterada. Se dice que la filosofía comenzó con los diálogos de Sócrates. Pero el diálogo mismo está atrapado dentro del espejo.[103]

Efectivamente, hay otro motivo generalizable tras este rechazo, y es que es el discurso mismo el que está ya desde siempre dislocado: el *sujeto de la enunciación* no equivale al *sujeto del enunciado*. En el punto de unión que une y separa al yo-gramatical del yo-individual hay una ruptura, un desgarro fundamental en el que todo se pondrá en juego.

Desde luego, la lectura de la filosofía en Zizek está siempre mediada por la filosofía misma,[104] pero siempre dentro de una *interlocución muda*: no sólo en el sentido de que sólo podemos preguntar y buscar respuestas dentro de nuestro propio y particular horizonte, o que la búsqueda más allá de él siempre se enfrenta a una respuesta casi inaudible, literalmente no-muerta en la medida en que todas esas voces del pasado siguen llegando hasta nosotros aunque estén ya eternamente enterradas: también porque, como ha hecho de manera más explícita con Lacan, también para el resto de pensadores con los que piensa Zizek hay siempre *compañeros silenciosos*, mediadores impensados,

102. *Conversations with Zizek*, p. 41
103. Karatani, K. *Transcritique. On Kant and Marx*, p. 49
104. Malinverno, N., *Dall' immaginario all'ideologia nel pensiero di Slavoj Zizek*, p. 11

voces que sustentan una filosofía en secreto, fidelidades desconocidas.

De este modo, ese 'con' que está detrás de toda reflexión se apoya en la fidelidad tanto al interlocutor mudo como al compañero silencioso: *silent partners* respecto a los cuales, por cierto, siempre estamos a la espera.

Esta es una manera de entender tanto su interés en "utilizar a Lacan como instrumento intelectual privilegiado para *reactualizar* el idealismo alemán",[105] como en proceder en sentido inverso: la "reactualización" no viene por una intención de modernizar una u otra teoría, sino (como la expresión inglesa indica) hacer efectivamente real una posibilidad de lectura oscurecida por la recepción más difundida: si en el idealismo alemán "de manual" la verdad de algo debe ser buscada en sí mismo, para Zizek su enseñanza fundamental es más bien que la verdad está siempre afuera: la verdad del sujeto está fuera de él, por mucho que manuales de auto-ayuda y filosofías *New Age* varias se empeñen en lo contrario. Dicha *con* Lacan, esta concepción idealista nos indica que lo que somos está siempre en otro lugar, en algún otro espacio: en el espacio Simbólico que siempre nos precede, y en lo Real desplazado en el mismo momento en que entramos en el orden Simbólico.

Si queremos entender este mecanismo de lectura, ya estamos de lleno en la discusión que sigue a estas páginas: el tema lacaniano de "Kant *avec* Sade" es sostenido por la interpretación habitual que coloca el peso de la relación que Lacan establece entre ambos en el hecho de que la perversión Sadeana sería la "verdad" de Kant, esto es, el conjunto de consecuencias que el mismo Kant no fue capaz o no se atrevió a afrontar. Es cierto que "la perversión Sadeana emerge como el resultado del compromiso kantiano, del modo en que Kant evita las consecuencias de su paso adelante intelectual", pero la conclusión es que "Sade es el síntoma de Kant".[106] Si Kant se pudo refrenar a la hora de extraer todas las consecuencias de su revolución ética, esta renuncia

105. *The Zizek Reader*, p. ix
106. *An answer to two questions*, p. 180

a llegar hasta el final, a ser totalmente fiel a su logro teórico, abrió el espacio para la figura de Sade: lejos de ser la "verdad" de Kant, el obsceno *jouisseur* de Sade es, en su "radicalidad" frente a la ética kantiana, una máscara de su opuesto.[107] El síntoma es aquí no el fracaso de una idea como tal, sino el fracaso de la fidelidad del sujeto a la idea. Kant está *con* Sade porque sólo juntos dan cuenta del espacio en el que ambos conectan y simultáneamente se pierden en el otro.

---

107. Moati, R. y de Calan, R., *Zizek. Marxisme et psychanalyse*, p. 113 y ss.

CON LACAN

Si hay un compromiso que recorra todos los textos de Zizek, ese es el de la teoría lacaniana, especialmente en la medida en que esta desarrolla los motivos modernos del sujeto (cartesiano) y el potencial liberador de una práctica auto-reflexiva del sujeto, con la auto-transparencia como horizonte constante o incluso "Idea reguladora".

Pero, ¿cómo se engarza una teoría que es siempre práctica (clínica), como el psicoanálisis, con el gran espacio intersubjetivo que está más allá de la relación transferencial de la clínica? En otras palabras, la cuestión pendiente desde Adorno, o Reich: ¿cómo pueden aplicarse sin más unas herramientas teóricas, pulidas en la relación de la clínica psicoanalítica, a la sociedad?

La respuesta de Zizek comienza invirtiendo la cuestión, preguntándose de qué manera un individuo se relaciona con el espacio intersubjetivo y con el campo de lo social como tal, de manera que sea capaz de existir como *persona*. Aunque parezca paradójico, se es individuo "normal" sólo en la medida en que uno puede relacionarse, más allá de los encuentros individuales, con algún *campo social*, por decirlo así, "abstracto" o "anónimo". Pero la pregunta se diluye en otra más problemática aún: desde esta perspectiva, entonces, "¿qué es lo que se interpreta y que no?".[108] En Freud, la cultura, para establecerse a sí misma como "normal" incluye una serie entera de cortes patológicos y distorsiones; en ella ese malestar es un recordatorio de nuestro estar

108. Documental "Zizek!"

siempre en *casa ajena*, lo que implica "de nuevo, que no hay ninguna cultura *normal*".

El reproche habitual a los ejercicios de "análisis aplicado" de Freud, en los que aplica a "agentes colectivos" nociones psicoanalíticas sólo legítimas en el contexto del sujeto individual, estaría malinterpretando el enfoque esencial del psicoanálisis. El campo de las prácticas sociales y las creencias compartidas no está en otro nivel respecto a la experiencia individual, sino que son algo con lo que "el individuo, él o ella, debe relacionarse, algo que él o ella como individuos deben experimentar como un orden mínimamente reificado, externalizado".[109] La cuestión por tanto no es la del desnivel entre lo individual y lo social, sino el problema de cómo debe estar estructurado el orden socio-simbólico de prácticas y creencias para que el sujeto pueda mantener su funcionamiento "normal", o qué ilusiones deben operar para que en una sociedad sus individuos conserven su estabilidad.

Si una auténtica "revolución cultural" no puede consistir en la reeducación o potenciación moral abstracta de los individuos, es porque para que un cambio así tuviera un resultado efectivo, sólo podría ser a través de la suspensión de la relación de dependencia con el orden simbólico institucional, el *gran Otro*.[110] De este modo, el último horizonte de actuación no es la reconciliación de la teoría y la clínica, pues es su propia separación la que es condición última de existencia del psicoanálisis: habría sido "Freud mismo el que escribió que, en las condiciones en las que pueda ser finalmente posible, el psicoanálisis no será ya necesario", y por ello la teoría psicoanalítica sería en última instancia la teoría de por qué su propia práctica clínica, por sí sola, no puede tener éxito.[111]

La teoría psicoanalítica es un desvelar cómo las estructuras que subyacen a toda motivación subjetiva, están, efectivamente, detrás del escenario principal: más allá del control consciente del

---

109. Prefacio a la 2ª edición inglesa de *Porque no saben lo que hacen*, pp. lxxi-lxxii
110. *Ibíd.*
111. *Concesso non dato*, p. 227

sujeto, movilizadas para permitir la reproducción de lo social, es decir, para repetir lo existente. Como ya hemos visto, estas estructuras *más acá* y *más allá* de nosotros –en una palabra: *inconscientes*– son externalizadas (alienadas, separadas, enajenadas), y en este anómalo *exterior* se localiza la génesis y vicisitudes posteriores de los afectos del sujeto. Definitivamente, para Lacan y Zizek a estas vicisitudes el espacio que les es propio son las relaciones intersubjetivas (en los dos sentidos arriba mencionados de "intersubjetividad"), es decir, la dinámica de las relaciones de los sujetos *unos* con *los otros*, y también, *uno* con *Los otros*.

De cómo irrumpen los otros y el deseo, intentarán dar cuenta las siguientes páginas, siguiendo la lectura de Zizek, y dejando para más adelante algunas matizaciones.

Como se verá, entramos en un terreno dominado por una lógica extraña, donde el acto de postular algo instituye lo presupuesto, donde la apertura de un espacio abre también el marco previo a la apertura. En ese sentido, en la medida en que Zizek busca una claridad en el contenido pero huye en todos sus textos de una clara sistematicidad en la exposición de Lacan; y que, de reconstruirla aquí, sería necesario convertir (y alargar) el texto en un monográfico sobre el psicoanálisis que nace del encuentro entre ambos, se hace necesario empezar y continuar *in medias res*, remitiendo a otros libros introductorios o recursos en red para aquellos lectores que necesiten una primera guía terminológica. De todas formas la intención es que la progresiva repetición y reconceptualización de las nociones lacanianas fundamentales sea suficiente para que los diferentes senderos se vayan despejando.

Repitiendo el comienzo

Es alrededor de la temprana *fase del espejo* cuando las necesidades humanas se ven irrevocablemente atrapadas en el vaivén (de aquí a allá; *Fort... Da*) de los intercambios del sujeto con otros y en la demanda de ser amado por ellos. El niño necesita aprender cómo desear, y su primera pregunta, de poder ser enunciada, no sería *¿qué quiero Yo?*, sino *¿qué quieren los otros de mí?* O más precisamente: *¿qué soy Yo para ellos?*[112]

Esta pregunta existe bajo la forma de un trauma inicial. El nacimiento del deseo está ligado y enfrentado a la *pulsión de muerte*, porque se estructura a partir del deseo del otro y también para defenderse de ese traumático *puro deseo* que acechará siempre al sujeto ya constituido, parapetado tras sus fantasías "protectoras". Este deseo, sin ataduras que lo controlen, es la pulsión de muerte en su forma pura.[113]

Sin embargo:

> *...en este punto, el psicoanálisis no puede estar más lejos de la convencional imagen utilitarista del hombre, según la cual la psique humana está totalmente dominada por el principio de placer y, por lo tanto, es susceptible de control y dirección. En tal caso, el bien social podría realizarse fácilmente, puesto que, por definición, el egoísmo puede manipularse y canalizarse de modos socialmente deseables.*[114]

Para Zizek, cuando Lacan habla del objeto de deseo como algo perdido desde el origen, no quiere decir que para el sujeto nunca se produzca el encuentro con el objeto del deseo, encontrando solamente por el camino substitutos parciales, sino que en realidad, el objeto perdido en origen, *es el sujeto* mismo; es el sujeto como objeto: de nuevo, la pregunta no es qué desea el sujeto, sino qué quieren *los otros* de él.[115]

En la histeria, la pregunta adquiere una forma más específica: "*¿por qué soy yo ese nombre?*". El sujeto histérico necesita saber cuál es su situación en el entramado simbólico; social, afectivo, normativo. *Pide cuentas* por el lugar que ocupa entre los

112. *Tarrying with the negative: Kant, Hegel, and the Critique of Ideology*, pp. 120-124

113. *El sublime objeto de la ideología*, p. 163, y p. 235

114. *Porque no saben lo que hacen*, pp. 312-313

115. *Primero como tragedia, después como farsa*, p. 75

otros; su función, digamos, *para el otro*. Por eso, no sorprende que Lacan viera, por definición, al *sujeto mismo como histérico*.[116]

El sujeto, para ser tal, al entrar en el orden simbólico debe realizar un sacrificio fundamental, una castración de su *goce*, alienándose en el mundo simbólico del lenguaje y de la ley; de este modo el sujeto se sitúa siempre separado del objeto del deseo y se ve obligado a perseguirlo sometiéndose al orden social, a los otros. Este pasaje es traumático, y en el sujeto producirá la constitución de una *fantasía fundamental*, una estructura inconsciente que, mediante un relato *imposible* de la pérdida del objeto de deseo, le permite aceptar tal sacrificio.

Esta entrada en un reino de alteridad radical, es la aparición de un espacio donde se despliega el Otro, ese *otro* cuyo discurso, en la formulación lacaniana, es el *inconsciente*. El orden simbólico, por tanto, es el espacio donde se estructura el inconsciente, pero también es el ámbito de la ley que regula el deseo. Lo simbólico es el campo de juego tanto del "principio de placer", que rige la distancia de la Cosa traumática, como de la "pulsión de muerte", que va más allá del principio de placer, a través de la repetición. La pulsión de muerte es sólo una máscara del orden simbólico, que precisamente se caracteriza por la ausencia de cualquier relación fija entre significante y significado; si los significantes se enlazan en "cadenas", es porque estamos hablando de la misma "repetición" que se da en el paso interminable de un eslabón a otro.

En esta entrada al orden simbólico se crea una dislocación entre el sujeto, escindido, y su identidad en lo simbólico. Esta dislocación la suple el *imaginario*, que mediará entre la irreparabilidad de la pérdida (y el vacío traumático que queda en el sujeto), y las diferentes posiciones subjetivas presentadas en el reino socio-simbólico, llenando el vacío con un objeto imaginario, el *objet petit a*, u *objeto a* (minúscula).

Como se verá, este *objeto a* será aquello que hace que amemos a una persona viendo en ella "algo más de lo que está en ella misma". Este objeto tiene un complicado estatuto ontológico,

116. *Ibíd.*

que no obstante le permite alcanzar efectos reales, en la medida en que es el objeto de nuestro deseo, un objeto que por su misma esencia nunca puede ser alcanzado.

De este modo se comienza a entrever una estructura de la subjetividad cuyo contenido le será proporcionado por el *imaginario*, y un elemento extraño cuyas consecuencias vincularán la teoría del sujeto de Zizek con una teoría de la ideología: el *goce*.

La base del orden imaginario es la formación del *ego* en la llamada *fase del espejo*. Puesto que el *ego* se forma mediante la identificación con una contraparte o imagen especular, el juego de la identificación juega un papel fundamental en el *imaginario*. La relación en la que el ego se constituye es esencialmente de *alienación*: el imaginario es estructurado por el orden simbólico, e implica tanto una dimensión fantasmática de apariencias y representaciones, como una dimensión fundamentalmente lingüística: mientras que el significante es la base de lo simbólico, lo significado y la significación son aspectos ligados al imaginario. El lenguaje, por tanto, tiene aspectos tanto simbólicos como imaginarios, y el imaginario hunde sus raíces en la relación del sujeto con el cuerpo y la *imagen del cuerpo*.

La operación teórica del psicoanálisis es la de colocar un fantasma en el lugar donde se constituye el individuo: la herencia que recoge aquí Zizek de Lacan es aquella que coloca el imaginario no sólo como parte germinal en la constitución del yo (en el estadio del espejo), sino como constitutivo mismo del yo: a ello se refiere la definición de "falta de ser" del ser humano, en la medida en que es precisamente el Yo el que se constituye como ser fantasmático respecto a la pérdida que supone la entrada en sociedad: el Yo es carencia, es pérdida.

El individuo, por tanto, se ve impelido por el deseo, pero este no se explica sino a través de la narración imposible de su origen: una narración que da forma a la vivencia del individuo, pero a la vez esconde el trauma que la origina. El imaginario da cuenta de la constitución del individuo, y representa en esta la conjunción entre Real y Simbólico. Como veremos, esta trabazón –Hegel mediante– permitirá la conexión (y simultánea desconexión) ontológica del sujeto respecto a la trama de la realidad: en su aspecto simbólico, con la sociedad como Gran Otro, e imaginario, con el relato del origen.

Aunque sea una dimensión esencialmente lingüística, lo simbólico no es pura y simplemente *lenguaje*, puesto que está implicado tanto en el imaginario como en lo Real. La dimensión simbólica del lenguaje es la del *significante*, cuyos elementos no tienen una existencia positiva, sino que existen entre las huellas de sus diferencias mutuas: para que cada elemento coincida o "calce" con su lugar vacío en la cadena de referencias interconectadas, debemos poder abstraerlo de su lugar, pues sólo así podemos percibir el lugar sin su ocupante: la ausencia del objeto sólo puede percibirse dentro de un *orden diferencial* en el que tal ausencia adquiere un valor efectivo. Por eso, nos recuerda Zizek, en Lacan la experiencia de la castración es ni más ni menos que la introducción del orden simbólico: por medio de ella el falo es "*abstraído*" de su lugar e instituido como significante. La "castración simbólica" es la adopción de una máscara, de una insignia que expresa la adopción de un estatuto: el *falo* es un "órgano sin cuerpo" que se adhiere a otras instancias, y en el caso del sujeto, señala la fractura entre su identidad real y la identidad simbólica.

El orden simbólico, por lo tanto, es lo que substituye la pérdida de inmediatez del mundo primordial inicial, y es donde el vacío del sujeto se encubre durante el proceso de subjetivación, el momento en el que el sujeto se dota de identidad y esta se ve alterada por el Yo.

Queda evidenciada por tanto la estructura esencialmente fantasmática del individuo: en la medida en que esa *miríada de imágenes* intervienen para suplir la pérdida que produce la entrada del individuo en el mundo simbólico, Zizek coloca la función del imaginario junto a la del esquematismo trascendental kantiano: el imaginario hace de mediador entre la estructura formal simbólica y la concreción de los objetos que vamos encontrando en la realidad. Y lo hace también creando el *objet petit a*, que se coloca en el vacío originario, y que es el objeto que guía nuestro deseo, nuestra necesidad de reunión con lo perdido. Es así como el imaginario nos enseña a desear, no proporcionando una fantasía de lo deseado, sino diciéndonos *qué desear*.

Hay que señalar que, si bien el sujeto participa en el relato de su propia identidad, esto no implica una identificación automática: "cualquier parecido del sujeto consigo mismo es pura coincidencia",[117] y la *inconmensurabilidad* de la identidad simbólica y lo Real del sujeto es velada por la multitud de posiciones de sujeto creadas por las *fantasías* del imaginario.

Volviendo de nuevo atrás: la estructura simbólica en la que estamos inscritos, donde habitamos fracturados, es el *Gran Otro*, nuestro *mundo* en términos no tanto fenomenológicos (las precauciones respecto a todo remanente de *Lebensphilosophie* son habituales en Zizek, así como su crítica a todo *vitalismo* prelingüístico, por ejemplo en el caso –complejo– de la celebración de lo rizomático anti-edípico en Deleuze)[118] sino *mundo* en el sentido de Wittgenstein, en su noción de *forma de vida*: del mismo modo en que seguimos reglas *en la medida en que* ya estamos siempre en una forma de vida, las normas del Gran Otro representan el marco universal de creencias en base a las cuales es posible dudar de unos u otros elementos de nuestra experiencia, mientras que esas mismas creencias no pueden ser objeto de duda, pues estructuran todo el campo de vivencias del sujeto.

Para ir enmarcando esta primera y apresurada aproximación, un ejemplo sucinto de Zizek servirá de ayuda:

> *Para Lacan, la realidad de los seres humanos se constituye por la imbricación de tres niveles: lo simbólico, lo imaginario y lo real. El ajedrez puede servir para ilustrar esta tríada. Las reglas que hay que seguir para jugarlo constituyen su dimensión simbólica: desde el punto de vista puramente formal y simbólico, el caballo se define por los movimientos que esta pieza puede hacer. Este nivel se*

---

117. *El acoso de las fantasías*, p. 16 de la antigua edición en castellano -en absoluto coincidente con la ed. original-.

118. Víd. infra, y cfr. *Tarrying with the negative: Kant, Hegel, and the Critique of Ideology*, cap. 6.

diferencia claramente del imaginario, esto es, la forma que tienen las diferentes piezas y los nombres que las caracterizan (rey, dama, caballo). Es fácil imaginarse un juego con las mismas reglas pero con un imaginario diferente, en el que estas figuras se llamaran "mensajero", "corredor" o algo semejante. Finalmente, lo real es todo el complejo conjunto de circunstancias contingentes que afectan al curso del juego: la inteligencia de los jugadores, las impredecibles intrusiones que pueden desconcertar a un jugador o directamente interrumpir el juego... [119]

Como se ha visto, este dominio del *Gran Otro* que es conjuntamente Ley, Lenguaje y Orden simbólico, y que no es autosuficiente, pues vive de un valor extra, de un plusvalor de imaginario que le proporciona su eficiencia, tiene una tercera contraparte: hay un espacio sobre el que se construye el orden de lo simbólico, y se encuentra más allá, o quizás más acá. A diferencia de la estructura simbólica de ausencias y presencias, hay un campo sin ausencia, un lugar que da cuenta de una falta en lo simbólico, y que es un espacio sin diferencia, sin fisuras: *lo Real*.

Lo simbólico introduce un *corte en lo Real* durante el proceso de significación, pero a la vez lo constituye (desde cierta perspectiva, el mundo de las palabras parece crear el mundo de las cosas). Así, lo Real emerge como eso que está fuera del lenguaje, lo que es inasimilable por la simbolización. No sólo es inasimilable: es *imposible*, porque no puede ni ser imaginado ni ser simbolizado: de aquí su carácter traumático.

Lo Real, por tanto, se muestra como un exceso, una plenitud salvaje de vida, caracterizada por el *goce obsceno*, por la inmersión en la pulsión. Su dimensión obscena no puede conciliarse con lo social y cultural, propios del hombre como *zoon politikón*, como animal civilizado en la palabra. Es por eso por lo que debe ser castrado; liberado de este exceso.

Este exceso de lo Real tiene su dimensión traumática también en el hecho de que está completamente de-sustancializado; no es una cosa exterior que se resiste a verse atrapada en la red simbó-

119. *Cómo leer a Lacan*, p. 19

lica, sino la rasgadura dentro de la red simbólica misma. Por utilizar otra metáfora, bastante repetida ya:

> *Cuando la Teoría Especial de Einstein introduce la noción de espacio curvo, concibe esta curvatura como un efecto de la materia: es la presencia de la materia la que curva el espacio, de modo que un espacio vacío habría sido no-curvo. Con el paso a la Teoría General, la causalidad se ve invertida: lejos de causar la curvatura del espacio, la materia es su efecto: la presencia de materia señala el hecho de que el espacio se ha curvado [...] En cierta manera homóloga, para Lacan, lo Real, la cosa, es no tanto la presencia inerte que curva el espacio simbólico introduciendo huecos e inconsistencias en él, como, más bien, el efecto de estos huecos e inconsistencias.*[120]

La constitución de este *campo simbólico*, como se ha sugerido ya, adviene con la castración. Aunque tenga efectos bien perceptibles, no obstante la castración es doblemente fantasmática. En un primer sentido banal, porque no es una castración literal, sino simbólica. Y más importante; porque en Freud la castración es un fantasma cuya función es la de *instituir lo que nunca ha ocurrido*. El individuo sabe que no es una amenaza real, pero pese a todo queda marcado por la angustia de tal posibilidad: aquí encontramos otra imbricación de niveles, pues, como señala esta angustia primordial, lo Real también es desde siempre imaginario. El fantasma de la castración interviene ya en la constitución del sujeto, durante el desarrollo del complejo edípico, separando la *Ley del padre*, salvaje y obscena, del imperio de la Ley; la ley del *Nombre-del-padre*.

---

120. Cfr. *With defenders like these...* y *Cómo leer a Lacan*, entre otros. Y aunque Zizek no se muestra jamás preocupado por acusaciones del tipo Sokal-Bricmont ni de toda la impugnación general que de estas se deriva respecto a la filosofía "continental" contemporánea, sí tiene la precaución de subrayar el aspecto metafórico de estas referencias, que, como puede verse en libros como *Visión de paralaje* o *The indivisible remainder*, suelen por lo demás ser más respetuosas con el contexto científico del que se extraen que en muchos otros pensadores "continentales" contemporáneos.

El nivel de lo imaginario, por tanto, da sentido al vacío formal que rige el reino simbólico, proporcionando al sujeto un mapa, una guía sobre su actuar en el mundo, en pos de lo que marca el deseo. Para que el deseo sea posible mediante la institución del orden simbólico y el *nombre-del-padre* como Ley, debe matarse al padre para que pueda ser portador del valor simbólico: una vez más entramos en otra dimensión política, pues el reino de la Ley siempre es fundado sobre un acto de ilegalidad que simultáneamente introduce la razón de ley / ilegalidad. Por esto mismo el imaginario permanece implícito: de hecho, instituyendo la oposición entre estructura simbólica explícita (la Ley) y lo Real excesivo (su transgresión), el imaginario debe ocultar los cimientos de su orden: es una *oclusión narrativa* que pone y pierde, en el mismo gesto, a su propio objeto.[121]

Esta lógica en la que *se pierde lo que es puesto* proviene del hecho de que sólo podemos explicar el origen del lenguaje en el lenguaje mismo: presuponemos en nuestra explicación la misma cosa que pretendemos explicar. La fantasía es siempre una fantasía del origen del sujeto, y como ilustran casos como el del *Hombre de los lobos* de Freud, la fantasía que da cuenta del origen del sujeto está siempre basada en una mirada imposible, en la presencia imposible, pre-supuesta, de la mirada del niño.

Este recurso "imposible" del sujeto nos devuelve a su estatuto quebrado, a su vacío esencial, un vacío siempre suplido por el imaginario, que opera impulsado por el *objet petit a*, un objeto que si bien es imaginario e inmaterial, se instituye como aquello que es *más que el sujeto mismo*, un suplemento que se adhiere al sujeto como causa de deseo, en un intento de responder a aquellas primeras preguntas que se hacía el individuo recién constituido como sujeto: *¿qué soy Yo?* Y correlativamente: "*chè vuoi?*" Es decir, qué quiere ese otro que está interpelando mi deseo desde el comienzo y que constantemente me devuelve la pregunta sobre qué es ser sujeto para los demás.

El *imaginario*, por tanto, parte del individuo, pero se ve llevado inmediatamente al dominio de los otros, a la intersubjetivi-

121. Malinverno, N. *Dall' immaginario all'ideologia...*, pp. 25-27

dad radical en la que el punto de encuentro, irremediablemente, es el *goce*: el imaginario da forma a un objeto perdido, el *objet petit a*, que se convierte en guía del deseo del sujeto y en piedra de toque de la ideología: como *núcleo de goce* "concentrado", este objeto es un factor político puesto en juego por múltiples discursos, y desde luego, por la propia actividad económica de individuos y colectivos.

Poniendo una cosa inexistente donde nunca ha estado

La creencia primordial en la terapia psicoanalítica es la suposición por parte del analizante (el paciente) de que el otro, en este caso el analista, conoce el significado de sus síntomas. A través de esta creencia procede el trabajo del analista; operando sobre la *transferencia*. Para Zizek, este fenómeno no implica simplemente una repetición de estructuras infantiles dentro de la esfera intersubjetiva: el analizante transfiere al analista actitudes y posiciones de sus primeros Otros, además de, sobre todo, la capacidad de conferirle consistencia a su identidad, o, expresado con un término que aparecerá más adelante, *interpelándole*.

Sin embargo, la transferencia tiene un papel mucho más amplio, más allá de la clínica. El auténtico significado de los síntomas se apoya en un Otro privilegiado al que se le *supone saber* su significado: el síntoma, que surge cuando el circuito de la comunicación simbólica se ha roto, como "intentando" una prolongación de la comunicación por otros medios, se dirige siempre a este Otro privilegiado y lo presupone como consistente y completo, porque en su misma formación, el síntoma es un llamado al Otro, que contiene su significado.[122]

Este llamado tiene que ver con los momentos constitutivos del sujeto, en los que queda marcada la distancia que se requiere respecto a la Cosa –el objeto parcial que supone el cuerpo de la madre, en cuanto primera realidad efectiva, absoluta y totalizante, para el sujeto–. Es contra esta realidad subyugante que el suje-

122. *El sublime objeto de la ideología*, p. 109

to debe constituirse para ser tal, tras lo cual, distanciada, *la Cosa* se transmuta y pervive en lo Real. Por un lado, Zizek liga esta posición metapsicológica a su afirmación de que el poder simbólico reside en las máscaras: la prohibición fundamental que bloquea el acceso directo a lo Real del goce crea el juego de "apariencias esenciales"[123] sobre el que se construyen las identidades en sociedad. Por otro lado, la distancia del sujeto respecto al cuerpo materno, adquirida con la prohibición del incesto, es también lo que hace trascendentalmente posible la entrada del mismo sujeto en el orden simbólico, en el ámbito de la cultura y la sociedad; ámbito donde lo Real de la violencia es desplazado, mientras se instituye un reino de "apariencias esenciales", de máscaras que permiten, hasta cierto punto, la propia actividad intersubjetiva.

Signos

Se ha hablado de significantes y significados. Sobre el contexto intelectual del que surge el interés de Lacan por la lingüística no hay espacio aquí para entrar en detalles, pero sí resultan relevantes los elementos que Zizek retoma y modifica, sentando algunos trazos para una posible filosofía del lenguaje. Efectivamente, como emerge de lo comentado acerca del registro simbólico, el valor que cada elemento tiene en la red de significantes se constituye solamente a través de la diferencia entre y con otros significantes: los lenguajes naturales son *órdenes diferenciales*, troquelados a partir del ámbito pre-lingüístico, y es por esa característica de pura diferencia, que en el orden simbólico una *ausencia* puede ser experimentada por los sujetos como un *datum*, como *algo presente* y efectivamente real.[124] Esto es clave para comprender cuestiones esenciales de la ontología de Zizek: si puede haber "huecos" en el orden simbólico que pueden funcionar sin embargo como elementos operativos, efectivos,

---

123. Sharpe M., *Slavoj Zizek: A little piece of the real*, pp. 60-70
124. Sharpe M., *Slavoj Zizek: A little piece of the real*, p. 68

entonces debe explicarse la razón de este estatuto ontológico particular que les permite causar efectos sin tener una presencia positiva.

La respuesta es que la operación que introduce la disyunción trascendental entre significante y significado en el espacio de lo efectivo y real para los sujetos, es la *prohibición paterna del incesto*. Una primera consecuencia natural de esto es que el sentido de la realidad de un sujeto es profundamente dependiente de la institución del orden simbólico.

Pero quedan por explicar dos aspectos. En primer lugar, el significado, para los sujetos, sólo es adquirido por algo cuando se inscribe en el orden diferencial de las representaciones colectivas de su cultura.[125] En segundo lugar, cada uno de estos órdenes simbólicos sólo surgen y son habitados por sujetos en la medida en que se ha producido la represión de lo Real, bajo la forma de la unión pre-simbólica con *la Cosa* incestuosa. Sólo una vez que *la Cosa* se pierde para el sujeto y que todo el resto de objetos con los que topa el sujeto no son *la Cosa*, el sujeto puede encontrar sentido en los significantes y su deseo de goce puede ponerse en funcionamiento.

Si el psicoanálisis muestra que el significado de los síntomas y actos fallidos sólo aparecen a través de su registro por parte de un Otro privilegiado, externo al sujeto, entonces hablar es siempre remitir el discurso a una suerte de tribunal social: un Otro privilegiado, sí, pero con visos de ser gestionado por *muchos otros*, y por tanto también eminentemente político.

Hablar, por tanto, es para Zizek haber llegado a un pacto cuyos términos implican la confianza en *algún Gran Otro* capaz al menos de registrar el sentido de lo enunciado, ya que la fe en la veracidad directa de *los otros* es susceptible de no estar siempre convenientemente avalada. En este Otro "institucional" por así decirlo (en muchos casos lo es literalmente) el sujeto encuentra el soporte último, aunque parezca paradójico, de toda condición de sociabilidad, como ya se comentaba más arriba.

Dicho esto, si se trata de esbozar una teoría del significado y

---

125. *El espinoso sujeto*, pp. 344-355

el lenguaje, una primera aproximación se sitúa en el sujeto, lugar de la significación y portador de la intencionalidad, que tiene el *acceso barrado*, mediante la castración, al *otro*: el discurso se dirige, por consiguiente, hacia el Gran Otro como poder unificador que garantiza la consistencia del lenguaje, y como lugar de institucionalización de las convenciones sociales. Finalmente, el discurso se le devuelve al sujeto, tras atravesar el espacio ignoto del *otro real*, y habiéndose *investido de sentido* en el proceso de recepción del mensaje.

Eso insignificante que nos da sentido

Al sujeto último kantiano, ese "yo pienso" que acompaña a cada experiencia individual, Zizek le añade el hecho de que por ese mismo modo de aparecer que tienen los objetos para el sujeto, siempre aparecen al sesgo: en la *fantasía fundamental* el sujeto, incompleto, *barrado*, se reconoce en un objeto especial, un objeto perdido (*objet petit a*) dentro del campo de objetos que percibe: un *objeto sublime* elevado fantasiosamente por el sujeto a representante del *goce* perdido, sustraído en la castración, y que funciona como el punto de esa "falta constitutiva".[126] Así, funciona como causa del deseo, es decir, como aquello que el sujeto busca en toda relación de afecto. Para Zizek, aparece bajo dos modalidades principales, *la mirada* y *la voz*.

La mirada marca un *punto ciego* en la percepción de la realidad del sujeto, punto que distorsiona e impide una visibilidad plena y transparente, *anamorfizando la realidad*[127] e inhabilitando por ello al sujeto para una percepción neutral, más allá del ámbito de la autopercepción: como en el paradigmático cuadro de Holbein el Joven, al sujeto le es imposible mirar desde una distancia objetiva y "segura". Desde el punto ciego (*anamorfótico*) de la calavera que mancha el retrato, el cuadro mismo adquiere una mirada, e incluye al espectador en la escena.

126. Claudia Cinatti "Una reflexión sobre la producción..." p. 13
127. *El espinoso sujeto*, pp. 87-88

De manera similar, la voz como "objeto amoroso", lejos de dar testimonio del *fonocentrismo* que Derrida localiza en la filosofía occidental, es profundamente subversiva, perturbadora: pueden verse muestras en la voz persecutoria de la paranoia, la "voz opaca del hipnotizador" o determinadas muestras fílmicas de lo que Michel Chion llama la "voz acusmática" (el sonido velado en la narración diegética, oculto en un espacio indeterminado de la pantalla y del acompañamiento sonoro, o la partitura "muda" en Schumann),[128] y también en las experiencias cotidianas en las que la voz propia no es percibida sino como un "parásito, un cuerpo extraño en el corazón de mi conciencia".[129]

Como un infinito encarnado, y remitiendo a *lo sublime* kantiano, el *objeto a* no permite nunca que se *dé cuenta cabal* de él: sólo puede ser visto o escuchado desde una perspectiva particular, y en esta perspectiva siempre sesgada el deseo interviene siempre y perturba aquello que ve, dando testimonio también de que nunca está fuera de la realidad que pretende contemplar.

No hay deseo, entonces, que no esté constituido y construido a través de relaciones intersubjetivas (y como se ha visto, esta *subjetividad otra* tiene modalidades muy diversas, que van más allá de la concepción intuitiva del *otro* como la persona completa, plenamente "humana" que está enfrente). En primer lugar, se desean cosas sólo en la medida en que se perciben como deseables por otros, y en segundo lugar, el deseo puede ser manifestado también a través de los otros, en identificación más o menos directa con ellos, tal y como aparece en la génesis del individuo en la teoría psicoanalítica.

Fetiches

En todo momento ha quedado claro que hay una *falta* constitutiva en el orden simbólico, lo cual no significa que al sujeto, en su vida práctica, le sea transparente: la castración, la dimen-

---

128. Víd. infra
129. *Gaze and Voice as Love Objects*, p. 103

sión universal del significante fálico como resultado de esa pérdida constitutiva, se ve negada en el fetiche, en una nada que necesariamente acompaña al todo de lo simbólico.

El fetiche no es una ilusión subjetiva, sino que está encarnado en las prácticas materiales, razón por la que funciona *gracias* y *pese a* nuestra aparente distancia de él. No es que creamos directamente en las propiedades mágicas de algo como el dinero, sino que se participa en las interacciones cotidianas *como si* se creyera. Este ejemplo parece alejarse de Lacan, pero para el mismo Zizek, "Lacan ya hizo" esta lectura: "sólo a través de la noción psicoanalítica estrictamente lacaniana de fantasía podemos realmente comprender lo que Marx tenía en mente con su noción de fetichismo de la mercancía",[130] y viceversa.

La figura retórica de la *paralipsis* o *αποφασις* da una primera aproximación de este mecanismo: en ella se menciona algo para negar que se esté mencionando o se tenga intención de hacerlo: "–No comentaré nada sobre este asunto escabroso". En ciertos enfoques teológicos, de hecho, hay dos modos del discurso sobre lo divino: el *apofático* y el *catafático*, siendo sólo el segundo el que se aproxima a Dios a través de referencias u objetos icónicos. El primero pretende (especialmente en los *místicos* y la teología negativa) acercarse a lo divino mediante la sustracción, buscando la presencia de lo divino allí donde no está.

El efecto *apofático* comparte esa homología con el mecanismo fetichista, en la medida en que transfiere propiedades estructurales a elementos o vacíos de la estructura: parte de una ausencia dentro del entramado de lo real, identifica propiedades inexistentes y contradicciones no resueltas en el resto del entramado, y las proyecta en un objeto imposible, localizado en esa ausencia o apertura, que resuelve y da cuenta de esas contradicciones.

Pero conviene volver a la definición de Zizek:

el fetichismo se refiere al cortocircuito entre la estructura formal-diferencial (que está por definición "ausente", es decir, nunca

130. "Zizek!" dir. Astra Taylor

*se da como tal en la realidad que experimentamos) y un elemento
positivo de esta estructura.*[131]

En este caso, para Zizek la lectura de Alfred Sohn-Rethel del
fetichismo de la mercancía y de la "abstracción real" permite
encontrar la bisagra entre la concepción psicoanalítica y la marxista. Así, el fetichismo queda descrito como la falsa percepción
de un objeto, en la que se le adjudican propiedades "inmediatas
y naturales" que en realidad vienen dadas por su lugar en la
estructura. De este modo el "valor" en el proceso de circulación
capitalista es un *postulado* efectivo en el acto de intercambio: se
opera con las mercancías *como si* no tuvieran propiedades pere-
cederas, *como si* fueran cualitativamente equiparables unas a
otras, y sobre todo *como si* su valor de cambio les fuera inherente (al igual que sí lo es de hecho su valor de uso).

Es un doble cortocircuito: lo que son materialmente relaciones entre cosas, se convierten en propiedades de cada cosa, y lo
que en el mercado son relaciones entre mercancías acaban siendo propiedades que *el sujeto* adjudica *en su práctica cotidiana* a
una mercancía particular. Es en este segundo aspecto en el que
se puede decir que para el marxismo "las cosas creen en lugar de
nosotros":[132] este mecanismo de abstracción está constitutivamente descentrado, y además opera, según Zizek y Sohn-Rethel,
a un nivel trascendental, en un "escándalo kantiano" que localiza el lugar ontológico del pensamiento en un espacio intermedio,
anómalo.

Para Sohn-Rethel "la abstracción del intercambio no *es* pensamiento, pero tiene la *forma* de pensamiento", y ahí encuentra
Zizek la conexión con el inconsciente freudiano, que "es una
forma de pensamiento cuyo estatus ontológico no es el del pensamiento". Esto hace de la *abstracción real* "el inconsciente del
sujeto trascendental",[133] y por cierto, un mecanismo ineludible
del funcionamiento de las cosas: "la consistencia ontológica" de

---

131. *El acoso de las fantasías*, p. 125 de la edición española.
132. *El acoso de las fantasías*, p. 126 de la edición española.
133. *El sublime objeto de la ideología*, pp. 42-45

la realidad social "implica un cierto no-conocimiento de sus participantes".[134]

El mecanismo por el que en la abstracción real "pensamos afuera", se repite después en la relación que el sujeto mantiene con su realidad: el sujeto cree, actúa o "sueña" a través de otros (como en el caso de Europa occidental y los Balcanes, mencionado más arriba), o en ocasiones incluso puede ser "pasivo" a través de otros, como en "esa situación incómoda en la que alguien cuenta un chiste de mal gusto que a nadie hace reír, salvo al que lo contó, que explota en una gran carcajada repitiendo ¡*Es para partirse de risa!* o algo parecido, es decir, expresa él mismo la reacción que esperaba de su público".[135]

En estas situaciones se da lo que Zizek y Pfaller denominan "interpasividad"; aunque de manera opuesta a la *interactividad* de las "risas enlatadas", en uno y otro caso un agente anónimo, el *gran Otro*, ejerce de mediador, registrando la acción en el orden simbólico. Así, en la interactividad se es pasivo *siendo activo a través de un otro*, mientras que en la interpasividad se actúa *siendo pasivo a través de otro*. Es más, en este último caso "el sujeto no deja de estar incluso frenéticamente activo", si bien lo que consigue con esta actividad es desplazar "hacia el otro la pasividad fundamental de su ser".[136] Esta lógica se repite en numerosas situaciones, y tiene una importancia esencial para la construcción de todo movimiento político; como recordará Zizek a propósito de cierto tipo de protestas europeas, de la práctica del "consumo responsable", o más recientemente respecto de las protestas de jóvenes *Indignados*,[137] el peligro es el de caer en iniciativas *pseudo-activas* que respondan a una necesidad irrefrenable de "ser activos y participar, interviniendo constantemente, intentando 'hacer algo', participando en absurdos debates académicos". En este contexto lo realmente difícil es dar un paso atrás, y construir un marco teórico desde el que una auténtica activi-

---

134. *Ibíd.*
135. *En defensa de la intolerancia*, pp. 116-117
136. *Ibíd.*
137. "Great Minds: Slavoj Zizek" Conferencia *IntelligenceSquared* 1 de julio de 2011

dad transformadora sea posible: es este el *impasse* en el que nos sitúan las relaciones capitalistas de mercado, contrapartida de la llamada "repolitización de la sociedad civil" desarrollada en los años del cambio de siglo, y acompañada por el resto de formas postmodernas de politización:

> *...todo ese discurso sobre esas nuevas formas de la política que surgen por doquier en torno a cuestiones particulares (derechos de los homosexuales, ecología, minorías étnicas...), toda esa incesante actividad de las identidades fluidas, oscilantes, múltiples coaliciones ad hoc en continua reelaboración, etc., tiene algo de profundamente inauténtico y nos remite, en definitiva, al neurótico obsesivo que o bien habla sin cesar, o está en permanente actividad, precisamente con el propósito de asegurarse de que algo –lo que importa de verdad– no se vea perturbado y siga inmutable.*[138]

Añadamos aquí que, respecto al *fetichismo del dinero*, Zizek vaticina que en pocos años el dinero mismo podría convertirse en un punto de referencia completa y *puramente virtual*, culminando un progresivo proceso secular de *desmaterialización*, que no obstante no implica su fin en modo alguno: esta desmaterialización completa hará *absoluto* su poder fetichista.[139]

Placeres que matan

El goce (*jouissance, enjoyment*), pese a lo que indica el uso castellano, es en el contexto lacaniano un placer que desborda sus propios límites; un afecto irreductible tanto al mero *placer en cuanto ausencia de dolor* o tensión, como al estado de satisfacción que acompaña a la realización de una actividad beneficiosa, útil, o prescrita como deber moral. El goce es siempre un placer excesivo, también más allá de la mera estimulación sexual; se sitúa siempre en el horizonte último de la experiencia, allá

138. *En defensa de la intolerancia*, p. 122
139. *In defense of lost causes*, p. 302

donde comienzan los límites de lo posible o lo permitido; es lo que el sujeto encuentra cuando su deseo le lleva a enfrentarse a aquello que está más allá de la cadena de significantes:[140] lo traumático.

El *goce*, por tanto, no puede reducirse a términos racionales de coste-beneficio; es "ese algo extra" en virtud del cual hacemos lo que de otro modo parecería irracional, improductivo o incorrecto.[141] Precisamente Zizek habla a menudo de *goce letal para el sujeto*, un placer extraño que, en todo caso, lleva la tensión del sujeto al límite, como en la Analítica de lo Sublime de la *Crítica del juicio* kantiana, en la que la contemplación de lo sublime abre un espacio de "placer en el dolor".

El *goce*, dijimos, aparece en la relación con la unidad maternal perdida;[142] el niño comienza a llenar esta pérdida con un deseo que apunta hacia la identificación con el deseo materno; este, marca de la carencia que el niño encuentra también en la madre, y que apunta más allá de ambos, estructura una fantasía que intenta explicar y predecir el deseo de la madre, y que se apoya en un núcleo, el *objeto a*.

Por otro lado, la condición del sujeto como existente *en el lenguaje*, lo destina desde sus orígenes *a diferenciarse en palabras*; palabras que lo diferencian tanto hacia el exterior, separado del resto de objetos, como hacia el interior, separado en un crisol de palabras que re-construyen el cuerpo: nariz, oreja, ojo. El precio a pagar por la entrada en el orden simbólico del lenguaje es, de nuevo, el *goce*; perdiendo la conexión primaria, directa y total, nuestra experiencia con el lenguaje nos devuelve siempre una dimensión adicional que acecha siempre el discurso; una transparencia completa que está perdida para siempre desde el comienzo, y que por tanto excede toda simbolización, asomando sólo fugazmente a través de las brechas de lo simbólico.

---

140. Lacan J., *Le séminaire, Livre VII: L'éthique de la psychanalyse (1959-1960)*, p. 564

141. Dean, J., *Zizek's politics*, p. 4

142. No debe entenderse esta explicación psicoanalítica como un análisis psicogenético estricto; especialmente en Lacan este relato funciona más bien como una serie de condiciones teóricas que dan cuenta de la estructura del sujeto.

De este modo, al igual que la madre es incompleta (ya que desea más allá del niño), el orden simbólico también lo es, y funciona permanentemente con un *resto* que resiste toda integración: en la medida en que las pulsiones están cautivas del mismo orden simbólico, el fracaso a la hora de satisfacer el deseo también deviene una fuente de *goce*, un resto adicional que complementa cada intento de alcanzar la satisfacción, creando un placer específico en la insatisfacción de no alcanzar la meta.[143] Para Zizek, por tanto, ni el sujeto ni la estructura de la ley y el lenguaje están completos; su brecha constitutiva, su vacío, genera la dinámica de la pulsión y el deseo: en la pulsión se aleja el *goce*, mientras que en el deseo se intenta aprehenderlo (fracasando siempre en ambos casos).

Siguiendo la argumentación de Zizek,[144] en la búsqueda de un punto que *suturase* la distancia entre lo Simbólico y lo Real del goce, la solución de Lacan fue la de elevar el *falo* a significante de la *falta* de significante, de modo que, como significante de la castración, mantiene el lugar del goce dentro del orden simbólico; ahí el *objeto a* surge como el goce extra, *plus-de-goce* generado por la pérdida de goce mismo, que es el pago debido por la entrada en el orden simbólico, en la medida en que el goce está localizado no del lado del *goce real*, sino paradójicamente del lado de lo simbólico. Abandonando, afirma Zizek, la búsqueda cartesiana de una "glándula" que uniese ambos niveles inconmensurables, Lacan adopta la solución "hegeliana" de identificar el vacío mismo que separa lo simbólico y lo real del goce, como aquello que precisamente los mantiene unidos; lo simbólico surge del vacío que lo separa del imposible goce absoluto, y el goce mismo es un producto de los vacíos y dicontinuidades dentro del campo simbólico; en "hegelés" –como gusta en decir Zizek– la diferencia entre ellos *constituye* los términos de la diferencia: "es la propia intersección entre ambos campos lo que los constituye".

Para Zizek, de este modo, nuestros afectos están descentrados, de manera similar a cómo nuestro deseo se constituye sólo

143. Dean, J., *Zizek's politics*, p. 5 y ss.
144. *An answer to two questions*, p. 182 y ss.

a través de nuestro estar siempre inmersos en lo simbólico: la antes citada interpasividad señala esta característica esencial: un mecanismo que aparece por doquier en las culturas humanas; desde los aparatos de video, que en muchos casos sólo servían para grabar programas o películas que finalmente sólo "veía" (y disfrutaba) el video mismo por nosotros,[145] hasta las *plañideras* de Durkheim, las ruedas de rezo tibetanas, o el mismo motivo sacrificial de Dioniso o Cristo.

Ley

Continuando este apresurado resumen de los puntos lacanianos básicos compartidos por Zizek, se impone una rápida pero importante puntualización, presente desde sus primeras publicaciones: Lacan no es post-estructuralista. En un gesto compartido con la ideología tardocapitalista, ciertos autores como Foucault, Deleuze o Derrida habrían exacerbado el carácter controlador, opresor, "edípico" de la Ley. Siguiendo el *motto* lacaniano (*contra* Dostoyevski) "si Dios no existe, entonces nada está permitido", Zizek recalca el papel habilitante del orden simbólico: la Ley sería aquella agencia que permite y sostiene el deseo: sin la mediación de la prohibición paterna del incesto, el deseo del niño se encuentra atrapado en la imposible exigencia de satisfacción de las demandas de la madre: este flujo imparable pre-edípico proyecta la sombra de un agente omnipotente, que sólo ve coartado su dominio sobre el sujeto en el momento en que se ve regulado por la Ley. Siendo ambas figuras de otredad, la Ley, impuesta por el Otro, es simultáneamente la misma Ley que el Otro debe obedecer:[146] en otras palabras, el cuerpo materno, primer objeto de deseo del sujeto, y depositario de un goce imposible de satisfacer, debe ser arrancado del niño para que emerja la subjetividad: volviendo a la expresión citada antes, sólo la *castración* libera al sujeto del exceso de proximidad respecto a la

---

145. *The Plague of fantasies*, p. 112 y 115
146. *For they know not what they do*, p. 266

"*letal substancia de goce*" que lo haría incapaz de entrar en una vida social satisfactoria.[147]

Sin embargo, la identificación entre superyo y ley simbólica está lejos de ser obvia. No solamente el sujeto resulta quebrado, partido, tras su sujeción a la Ley, sino que la Ley misma está partida entre el *Ideal del yo* y el *superyo*. El superyo emerge cuando la Ley fracasa; de hecho, el *superyo* está más conectado con *el Ello* de lo que podría parecer; el superyo, efectivamente, es un cuerpo extraño en el seno del propio sujeto, y evita que el sujeto pueda nunca alcanzar una identidad completa consigo mismo; para Zizek encarna un cortocircuito entre la Cosa-materna reprimida por la prohibición originaria, y la Ley misma.[148]

Más allá del principio de interpasividad

Frente al discurso y actividad "normales", es decir, enmarcados dentro de los parámetros simbólicos establecidos, Zizek sitúa aquellas acciones que desafían el mismo marco de acción y discurso: aquellas acciones que "tocan lo Real" reprimido o borrado por el régimen social y político dominante.

Esta categoría es la del *Acto*, un acción paradójica, fracturada desde el comienzo: por un lado el Acto necesita originarse más allá de todo espacio posible de autorización y justificación; "como el analista lacaniano, un agente político debe cometer actos que sólo pueden ser autorizados por sí mismos, para los que no hay garantía externa".[149] Esta falta de garantía conlleva que la diferencia entre el Acto y un mero *passage a l'acte* histérico (cuyo resultado sea la reproducción de las mismas coordenadas ideológicas que pretendían ser transformadas), *sólo pueda ser consciente* demasiado tarde, "la mañana después". Las condiciones objetivas para el Acto sólo aparecen en retrospectiva, una vez la revolución se ha organizado y un nuevo orden se ha esta-

147. Sharpe M., *Slavoj Zizek: A little piece of the real*, p. 67
148. Cfr. *For they know not what they do*, p. 240, y *Looking Awry*, p. 152
149. "Heiner Müller out of joint" en *The Universal exception*, pp. 54 y ss.

bilizado, creando, dentro de la temporalidad anómala en la que se instala, no una implementación de los sueños utópicos previos, sino "la (re)construcción de estos mismos sueños".[150]

Volviendo al campo propio del psicoanálisis, Zizek aclara que la decisión inmediatamente precedente al *Acto* es "puramente formal", en última instancia constituye la decisión *de decidir*; el sujeto no es consciente de qué está decidiendo, y por tanto es un acto total y paradójicamente libre; "no-psicológico, desprovisto de emociones, sin motivaciones, deseos o miedos; incalculable". Pese a que emerge como un acto totalmente libre, simultáneamente el sujeto no podría haber hecho otra cosa: es tras el *Acto* cuando este es *subjetivado*, colocado dentro de parámetros simbólicos estables.

En esto su concepción del *Acto*, curiosamente, conecta con la de *cortesía*, entendida en un sentido tanto personal como sociopolítico; el acto realmente *cortés*, cívico, es en realidad el *acto libre* que se realiza como si fuera una obligación, y no al contrario:[151] pasando del dominio social al nivel ontológico, Zizek sugiere además que, invirtiendo la fórmula espinozista, la libertad, y por tanto el *acto libre*, adopta la forma fingida de *necesidad*; "es la libertad la que finge ser necesidad".

La revolución es entonces un acto de interrupción de la causalidad histórica, el espacio donde se manifiesta la dimensión *nouménica* kantiana: el *noúmeno aparece*, pero se muestra *dentro del fenómeno*, como aquello irreductible a la red causal que ha generado el fenómeno mismo.[152]

Pero, ¿qué diferencia un *Acto* de la mera acción voluntarista irracional? Zizek replica[153] que no son sus cualidades inherentes, sino el lugar estructural dentro de la red simbólica; la externalidad a la que apunta el *Acto* es a la vez interna al orden simbólico, un ejemplo lo que Lacan llama *ex-timidad*.

---

150. *Ibíd.*
151. *In defense of lost causes*, p. 20
152. *In defense of lost causes*, pp. 109-110
153. *Concesso non dato*, p. 252

De la castración a la pulsión

Kant aparece precisamente en la explicación que Zizek da de su cambio de perspectiva en la lectura de Lacan, del "Lacan de la castración simbólica", al "Lacan de las pulsiones". En *Concesso non dato*, Zizek critica en Laclau cierta lectura lacaniana del ideal emancipatorio, descrito como persecución fallida del *incestuoso objeto materno*, "La Cosa", que subyace al "ideal mítico... de una sociedad auto-transparente".

Para el primer Lacan, argumenta Zizek, *la Cosa* está prohibida, y esta prohibición es la que permite y sostiene el deseo; el orden simbólico funciona entonces como el espacio trascendental en Kant, a través del cual la realidad se hace accesible pero al mismo tiempo queda vedado el acceso completo a ella. Lacan, sin embargo, habría intentado durante este "segundo período" superar este horizonte kantiano, indicando cómo la pulsión va más allá de la castración simbólica, hacia un espacio en el que hay algo más aparte del "abismo devorador de *la Cosa*".

La lectura política que Zizek extrae de ambos momentos es que el Lacan "trascendental" es el Lacan *democrático radical* (la misma descripción que comentaristas como Sharpe o Boucher utilizan para describir precisamente la "primera fase" de la obra de Zizek), es decir, el que señala el punto vacío donde se articula el poder, donde los múltiples agentes políticos democráticos se alternan sin poder nunca ocuparlo plenamente, a diferencia de los agentes "totalitarios", que pretenden actuar en lugar del *goce del Otro*. Por otro lado, el "Lacan más allá de la castración" es que sugiere vías para una política *post-democrática*.[154]

Hay otro aspecto que Zizek rechaza en la lectura "radical democrática" de Lacan; citando a Joan Copjec, recuerda que su interpretación kantiana de Lacan, en la que la diferencia sexual se articula como un principio estructural a priori, permeando todo el campo libidinal con el antagonismo irreductible de la

---

154. "Concesso non dato", epílogo al volumen colectivo *Traversing the fantasy*, pp. 246-251.

diferencia sexual, apunta más bien a entender el campo político a través de ese antagonismo fundamental, más que a través de una multiplicidad irreductible de agentes: "la lucha de clases como principio formal a priori, no solamente como un hecho empírico y social". Algo se intuye ya aquí acerca del funcionamiento pulsional del capitalismo.

La *pulsión de muerte* no es un impulso autodestructivo, o un retorno homeostático a la ausencia de tensión de lo inorgánico, de hecho es lo opuesto a la muerte, en la medida en que define un impulso *no-muerto*, un exceso de vida bajo la apariencia de la inmortalidad, más allá de todo ciclo biológico; y esto no es una excepción, una aberración exterior al funcionamiento psíquico humano; para Zizek los seres humanos nunca *están simplemente 'vivos'*, sino que participan de una necesidad de gozar *en exceso*, apegados como están a un algo "extra" que se separa del curso normal del mundo.

Para no confundir *deseo* y *pulsión*, Zizek advierte que debe señalarse que la pulsión no es una aspiración por *la Cosa* que queda fijada en un objeto parcial: la pulsión es la *misma fijación* en la que reside la dimensión de *muerte* de toda pulsión. La matriz de la pulsión es la de trascender todos los objetos particulares hacia el vacío de la Cosa excepto el de la libido apegada a un objeto particular. Lo específicamente humano de la pulsión, como opuesta al instinto, designa la elevación de lo que era un subproducto a un objeto autónomo: el hombre percibe como deseable aquello que para un animal no tiene valor intrínseco, y ahí radica la diferencia, no en que la actividad puramente animal se coloca al servicio de algo "espiritualmente" superior, sino que una actividad menor se convierte en fin en sí misma; el humano es tal porque se ve atrapado en la repetición de un mismo gesto, encontrando satisfacción en ello.

En esta otra concepción de la pulsión, la alternativa entre *la Cosa* y el distanciamiento de ella desaparece, puesto que en la pulsión, la *cosa en sí misma* es una circulación alrededor de un vacío. El objeto de la pulsión no tiene que ver con *la Cosa* como aquello que ocupa su lugar, sino que va en la dirección opuesta al deseo; no aspira a la imposible plenitud, sino que renunciando a ella queda atrapada en un objeto parcial como remanente de ella.

La pulsión es entonces una ruptura en la continuidad de las cosas; un *desequilibrio radical* en la realidad. La diferencia entre pulsión y deseo radica en que en el deseo el equilibrio se pierde por la fijación en un objeto parcial que es "trascendentalizado" como instancia del vacío de *la Cosa*. Pero la pulsión no proporciona satisfacción porque su objeto sea una instancia representativa de la Cosa, sino porque en la pulsión es la repetición del fracaso de alcanzarla, la circulación infinita alrededor del objeto, la que proporciona esa satisfacción.

Esta diferencia entre deseo y pulsión, como se verá más adelante, permite a Zizek describir la estructura libidinal de la política en el capitalismo contemporáneo, en la que las *reivindicaciones* substituyen al *deseo*, que es lo que en toda *reivindicación política* va más allá de ella. El deseo implica la Ley y su transgresión; mientras que la *reivindicación* se dirige a un *Otro omnipotente* fuera de la Ley, por lo que si esta es satisfecha el deseo se ve asfixiado, atrapado: el lugar del deseo se ve sostenido por la Ley. Así, la salida política necesaria es la de la reivindicación que no esté dirigida al *Otro omnipotente*, sino al Otro "castrado" de la Ley, es decir, asumir plenamente la no-existencia del gran Otro.

Si el deseo se articula en torno a *una falta* como vacío dentro de una estructura, y la pulsión marca la existencia de un *agujero*[155] en el tejido mismo de la realidad, que le da forma a esta, el modo de funcionamiento propio del capitalismo no se completa con la mera manipulación del deseo (de consumir un producto) y su fabricación misma (el deseo de desear), sino que tiene su forma más esencial en la *pulsión*, que moldea e impulsa toda su maquinaria, la compulsión impersonal de auto-reproducción del sistema. "Entramos en el modo de la pulsión cuando la circulación del dinero como capital se convierte en un fin en sí mismo".[156]

---

155. *Ibíd*.; respecto a la pulsión como "black hole", Zizek remite a J.-A. Miller.
156. *Ibíd*.

Llegamos así al punto en el que Zizek identifica el motivo principal por el que Lacan no forma parte del *pensamiento débil* postmoderno; su particular "filosofía de la finitud", nominalmente adscribible a gran parte del pensamiento contemporáneo, puede leerse de un modo materialista, poniendo el énfasis "en el *objeto a* como el *resto no-muerto* que pervive en su obscena inmortalidad"; es la pulsión de muerte la que rebasa los límites de la finitud.

Los otros que saben

Un aspecto crucial de la transferencia en psicoanálisis, en el que Zizek suele apoyarse, es el "cortocircuito" que los individuos tienden a realizar entre el espacio cultural-ontológico garante del sentido (*el gran Otro*) y los individuos particulares en los que instancia esos espacios: los otros como "*sujeto supuesto saber*". Esta presuposición que realizan los sujetos subyace a la atribución de *saber* que los sujetos proyectan no solamente en su *analista*, sino también en los políticos, instituciones, Estados, rituales sociales y doctrinas ideológicas.

En la relación fenomenológica más inmediata con los otros, el sujeto puede reconocerles, percibirlos como personas, sólo en la medida en que ese otro que encarnan "es desconocido para nosotros; el reconocimiento implica ausencia de conocimiento. Un prójimo totalmente transparente y abierto ya no es una 'persona': la intersubjetividad se basa en el hecho de que el otro es fenomenológicamente experimentado como una 'cantidad desconocida', un abismo sin fondo".[157] Así, a diferencia de la naturaleza, cuya incognoscibilidad es epistemológica, el Otro como persona es ontológicamente incognoscible, pues esta incognoscibilidad es el modo en que su propio ser está constituido.

En el ámbito psicoanalítico, el "sujeto *supuesto saber*" por excelencia es el analista: en la relación de la clínica este último es colocado en un espacio privilegiado desde el que se le presupo-

157. *Porque no saben lo que hacen*, pp. 259-260

ne capaz de conocer el significado de todos los síntomas del paciente: sin embargo, señala Zizek, Lacan advierte de que a esta relación subyace una estructura mucho más profunda, en la que al Otro no solamente se le presupone un saber, sino también creencias, goce, "risas y llantos, o incluso un *no-saber* por nosotros": el Otro puede, como insinuábamos antes, incluso ocupar *en nuestro lugar* la posición de ignorancia. De hecho Zizek va más allá, y propone un último sujeto, el "sujeto supuesto *ser-sujeto*", la estructura más esencial de la "suposición", en la que no solamente se le suponen al sujeto determinadas cualidades, sino que *el mismo sujeto es una suposición; nunca está dado directamente* como una entidad positiva y substancial: es el *vacío supuesto entre dos significantes*.[158]

158. *An answer to two questions*, pp. 211-212

Avec *Kant*

La analítica de lo sublime, en la última *Kritik* kantiana, muestra dos momentos de la experiencia en los que se pone en juego, para Zizek, la apertura de una posible *filosofía materialista de la finitud*. La mirada, enfrentada ante lo sublime, choca con sus propios límites, se ve desbordada; *hay algo frente a ella* que supone un desafío imposible para el sujeto, y al cabo queda patente su fracaso, empequeñecido ante la dimensión insondable del objeto. Sin embargo, cuando todo parece perdido, emerge una *representación*, precisamente a partir del fracaso del sujeto a la hora de dar cuenta perceptualmente del objeto; esta re-presentación de ese fracaso muestra la relación del sujeto kantiano con las *Ideas de la Razón*; y cómo, en la Razón misma, yace una facultad "suprasensible".

Nos encontramos en la cima del idealismo alemán: el cruce de caminos que inaugura el Romanticismo y anuncia el fin del recorrido de la Ilustración; pero retrocedamos en el tiempo a la primera *Kritik*, la más conocida, donde Zizek encuentra en la noción de objeto trascendental una primera formulación de lo que entiende por *objet petit a*. El objeto trascendental es para Kant "el pensamiento completamente indeterminado de un objeto en general"; no es un objeto fenoménico cualquiera, es la garantía de que el sujeto obtenga *sentido*, independientemente del objeto particular y concreto con el que se encuentre. El papel de la "deducción trascendental" es entonces el de asegurar que las categorías puramente formales del *entendimiento* del sujeto puedan afectar y desde luego estructurar la multiplicidad de intuiciones sensibles; estas, mediante la *imaginación*, saltan el abismo que las separa del *entendimiento*.

Sharpe, como hemos mencionado, minucioso y crítico en sus trabajos sobre Zizek, considera que la lectura de Hegel que realiza Zizek es "en realidad, muy kantiana".[159] Quizás no podamos profundizar más en ello,[160] pero en todo caso lo que está claro es que, como ocurre con todos los pensadores con los que entabla un diálogo teórico, el rigor hermenéutico está siempre en tensión con su propensión a recoger todas las tuercas y tornillos que le puedan ser útiles para reforzar y pulir su lectura de Lacan. Y es que, remedando un gesto típicamente kantiano (y sobre todo hegeliano), Zizek aborda la cuestión del *inconsciente* llamando la atención *sobre los términos mismos* que componen su noción; para Kant el término, por su misma estructura, sería un *juicio indefinido*; para nosotros, hijos de la filosofía del sentido común positivista, decir de determinado fenómeno que "no es consciente", implica decir "es somático", en un acto reflejo dualista-cartesiano, por así decir. Pero en Freud, decir de algo que "es inconsciente", no supone, empero, afirmación positiva alguna: podría ser corporal, pero también puede ser indecidible en términos de la oposición cuerpo-mente.

El sujeto kantiano es también un sujeto moral, en la medida en que es capaz de razonar *con otros* la dimensión ética de sus acciones; sin embargo alberga en sí una tensión irresoluble. La conciencia moral no complementa a la (auto)consciencia cuando se "hace el bien", sino que más bien la *contamina*, introduciendo en la realización del deber moral una inquietud perma-

159. Sharpe M., *Slavoj Zizek: A little piece of the real*, p. 212

160. Pero sí vale la pena apuntar que a veces resulta paradójica la virulencia de las críticas de Sharpe y Boucher (muy acertadas en muchos aspectos) cuando en su propio libro (bastante recomendable, por otra parte; *Zizek and Politics*, víd. bibliografía) se ven obligados a hacer resúmenes como el titulado "G.W.F Hegel" (pp. 38-39), que más que resultar "kantiano" directamente ni siquiera parece Hegel.

nente. La única certeza de la conciencia moral es la de la frontera que separa *la Ley* de su *transgresión*; tanto para Kant como para Rousseau, el bien moral por excelencia es la vida autónoma como agente libre y racional; sin embargo, el hombre no se consolida como tal si no es a través de "un arduo proceso de maduración sostenido por la disciplina y la educación, que no dejan de ser experimentados por el sujeto como impuestos sobre su propia libertad, como una coerción externa".[161]

Siguiendo de cerca el trabajo de Joan Copjec, Zizek señala que en el marco kantiano, si decidimos obedecer nuestras inclinaciones, entonces algo de nuestra libertad (o en todo caso la capacidad de resistirse a tales inclinaciones) es traicionada. Esto muestra los límites de este razonamiento moral, y señala la necesaria existencia de un espacio de irracionalidad dentro del propio sujeto racional kantiano: si "todo lo que conocemos de la Ley es nuestro sentimiento de culpa",[162] entonces el paso de nuestra experiencia moral individual a la universal resulta más problemático de lo que parece; lleva a una dimensión en la que no sólo se construye una acción moral intersubjetiva, sino en la que también al sujeto se le adhieren rasgos indeseados, como un extraño placer (en términos lacanianos, goce) añadido al imperativo categórico.

Es así como la pregunta capciosa *¿qué obtiene el sujeto a cambio?* de repente resulta legítima, pues no hay espacio posible para el sujeto en el que pueda eludir la responsabilidad sobre su propia obediencia a la exigencia del imperativo. La ley moral, precisamente por su virtud *formal*, no le dice al agente moral *qué debe o no hacerse*, y ello deja espacio para una instrumentación de los sujetos en favor de la Ley, incluso una instrumentación potencialmente infinita, en un bucle eterno *Sadeano* de goce perpetuo.[163] Esta doble cara del sujeto kantiano, retomada de Lacan entre otros, lleva finalmente a Zizek a rescatar un análisis de corte hegeliano sobre la emergencia de este sujeto moral a raíz de

---

161. "Cogito, Madness and Religion", en lacan.com
162. Parker, I. *Slavoj Zizek : a critical introduction*, p. 48
163. Zupancic, A. "Why is Kant worth fighting for?", en *Ethics of the Real*.

la historia europea misma; sería el Terror revolucionario de 1793 el que construiría las bases para la integración de la ley moral como voz de la conciencia, y por tanto para la eclosión del individuo, del *citoyen*, atrapado en la tensión entre esa nueva conciencia moral, su razón autónoma y su libertad *bourgeoise*. El sujeto está "atrapado" porque, en el momento en que Kant parece mostrar un sujeto que sigue máximas universales para actuar éticamente, Zizek advierte, "se da una fractura en la universalidad", y por supuesto una fractura que atraviesa también al sujeto; en eso "Kant fue revolucionario, porque fue anti-universalista".[164] La relación con el universal es una tensión que debe ser asumida por el sujeto, si quieren evitarse los problemas antes mencionados (y Eichmann resulta aquí una referencia obvia).

Respecto a estas fracturas y tensiones en el edificio kantiano, Zizek recuerda "la versión de libro de texto" de la diferencia entre *antinomia* y *contradicción*. Si la *antinomia* (kantiana) es constitutiva de la realidad, irresoluble en términos racionales, la *contradicción* (en el sentido marxista y hegeliano) tendría que estar situada en una configuración histórica determinada, como parte de un proceso en desarrollo siempre en pos de resolverse. Por supuesto que nuestro "libro de texto" se muestra bastante simplista: "¿realmente defiende la dialéctica hegeliana una mera resolución de las contradicciones?"[165] Para Zizek el giro hegeliano consistiría más bien en una torsión de la dualidad antinómica, un desplazamiento de esta hacia *la cosa en sí*.

El desplazamiento, (y con él el paso de Kant a Hegel) acontece en cuatro momentos: en un primer momento se afirma la irreductible fractura entre finitud y universalidad, siendo el único acceso posible a lo *nouménico* aquel que pasa a través de lo *sublime*; en un segundo momento la fractura se sutura y Hegel parece volver a la metafísica pre-kantiana. En un tercer momento la fractura no parece ser tal, ya que el proyecto kantiano no habría completado la destrucción de la antigua metafísica, al mantener la cosa en sí como una entidad externa inefable.

164. "Hidden prohibitions and the pleasure principle", entrevista de J. Ayerza, 1992
165. *Concesso non dato*, p. 244

Finalmente, Hegel emerge simplemente como un Kant radicalizado que profundiza este acceso *sólo negativo* a lo Absoluto, llevándolo hasta lo *Absoluto como negatividad*. Así, el obstáculo que impedía el acceso al objeto se acaba convirtiendo en una condición ontológica del propio objeto: el objeto incorpora la inconsistencia del sujeto cognoscente, "*des-ontologizando*" la realidad nouménica kantiana.[166]

Frente *a Fichte*

De difícil traducción, *Anstoss* es para Fichte tanto *obstáculo* como *impulso*: es simultáneamente condición de posibilidad y de imposibilidad. Jacobi afirmaba que para comprender realmente la *Crítica de la razón pura* era necesario presuponer la existencia de la *cosa en sí*, pero esta misma presuposición colocaba al lector ya desde el comienzo fuera de los límites marcados por la propia *Crítica*.

Es esta paradoja la que es puesta en juego por Fichte para desmarcarse de la (después inevitable) lectura solipsista de su idealismo; entre el *Yo*, y el *no-Yo* afirmado en el *acto* mismo de auto-postulación del *Yo*, la tensión entre ambos se instancia a partir de las continuas fracturas y fracasos del *Yo* en sus intentos de ocupar una posición Absoluta; en tales *choques*, el *Yo* experimenta sus propios límites, y es en estos movimientos en los que surge el *Anstoss*, como un *resto de finitud* que deja la auto-postulación del sujeto; es un residuo de sus negaciones, un inasimilable resto de la realidad, un residuo que sin embargo es no-subjetivo, *inaprehensible pero presente* en los pliegues de la acción (*Tathandlung*) del sujeto.[167]

Es así como en Fichte, Zizek reencuentra (y rescata de la errónea lectura lacaniana) esta paradoja: aunque el *Yo* se afirma como principio primero del sistema, que condiciona y produce todo aquello fuera de él, todo *no-Yo*, la presencia negativa de ese

---

166. *Ibíd.*
167. Johnston, A., *Zizek's Ontology*, p. 18-20

Anstoss indica constantemente una alteridad irreductible, independiente del sujeto; una "frontera interior"[168] que participa de la subjetividad y a su vez la fractura, la abre al exterior.

Así, para Zizek, lo Real (lacaniano) es igualmente *postulado*, producido paradójicamente "dentro" de la red simbólica, pero también *presupuesto*, como fundamento primario de lo simbólico.[169] Lo Real "designa un núcleo substancial que precede y resiste a la simbolización, y simultáneamente, designa el residuo postulado o 'producido' por la simbolización misma".[170]

Este "materialismo" particular de Fichte aparece entonces como la otra cara del idealismo, acompañándolo, más que oponiéndose a él, y da cuenta de la dimensión materialista del *objeto a*: lo simbólico es condición de posibilidad e imposibilidad para el acceso a lo Real; lo Real como presupuesto no puede aprehenderse sino a través de la representación simbólica, que contamina desde siempre lo Real mismo, borrando la distinción entre la *postulación* y la *presuposición* de lo que está más allá del sujeto.

La eterna distancia/dependencia respecto al *Anstoss* como *objeto a*, marca entonces el único elemento *absoluto* en el sujeto fichteano (y Kantiano); la persecución de lo infinito es el único rasgo de *infinitud* del sujeto. El sujeto encuentra lo no-subjetivo como una *falta propia*, y viéndose así como irreductible a la totalidad; emerge, dicho ya en los términos que busca Zizek, como "*no-todo*".

El *Anstoss*, de hecho, resulta desde este punto de vista la encarnación perfecta de la *ex-timidad* lacaniana; no "viene de afuera", es un cuerpo ajeno situado en el mismo núcleo del sujeto.[171]

---

168. Tomo prestado el término de Fichte, que lo emplea no obstante en otro ámbito, y con motivaciones teóricas diferentes. Cfr. Balibar, E., *La crainte des masses*, pp. 131-156, Galilée, París, 1997.

169. Johnston, A., *Zizek's Ontology*, p. 18

170. *Tarrying with the negative*, p. 36

171. Johnston, A., *Zizek's Ontology*, p. 19

Después de Schelling

En la conferencia de 1965 "El objeto (a) de J. Lacan y la teoría freudiana",[172] André Green se remite a un texto previo de Jacques-Alain Miller[173] que, entre otras cosas, realiza una curiosa lectura de Frege sobre el concepto de número: respondiendo a la *paradoja del cero*, un vacío que no obstante funciona como número, Miller señalaba la necesidad del propio *cero* (como nombre del concepto "no idéntico a sí mismo") para poder pasar del Uno *como repetición de lo idéntico*, a la sucesión ordenada. En palabras de Green, el cero cumple una *función evanescente*, esto es, "en el paso del *n+1 a n-n'* " hay un elemento necesario que, sin embargo, apenas cumple su función desaparece borrando su misma presencia anterior. Este pasaje sería "un proceso operatorio de tres términos (n, +, n') con la *evanescencia de un término inmediatamente después de manifestarse*".[174]

Para dar cierta inteligibilidad a esta repentina incursión matemático-lingüística (pues el discurso de Miller se sitúa también en el ámbito teórico de Saussure), podríamos decir, siguiendo a Zizek,[175] que en el paso del 0 al 1 ya se está produciendo la diferencia entre un número y el *lugar vacío de su inscripción*: en la sucesión *n, n'* el cero se está repitiendo como espacio de la repetición, o dicho más prosaicamente, como la "casilla" invisible sobre la que se van inscribiendo el resto de números. El cero cumple así la función de *mediador evanescente*.

Más adelante, Fredric Jameson hablará de *mediador evanescente* en su conocido ensayo sobre Max Weber, sugiriendo un añadido a los conceptos esenciales del materialismo histórico, un suplemento que mitigase la crítica weberiana: lejos de ser una

---

172. Green, A., conferencia del 21 de diciembre de 1965 en el Seminario de Lacan, publicada en castellano en 1972, en ed. SXXI, en el libro colectivo *Objeto, castración y fantasía en el psicoanálisis*.

173. Miller, J.-A., "La Suture. Éléments de la logique du signifiant", *Cahiers pour l'analyse*, n°1

174. Green, A., *op. cit.*

175. *Porque no saben lo que hacen*, p. 107

constatación de la primacía de la superestructura sobre la base material, el Protestantismo habría actuado más bien como *mediador evanescente* entre feudalismo y capitalismo. Antes de la llegada del protestantismo, la religión era un ámbito diferenciado de la esfera económica; sin embargo, el protestantismo universalizó la religión, llevándola a la esfera del trabajo y de la justificación subjetiva de la actividad económica. En el mismo proceso, la religión misma quedó obsoleta tras el servicio prestado, pues los mecanismos de justificación y legitimación que proporcionaba ya habían sido incorporados a la lógica mercantil capitalista. En otras palabras, mientras que en el mundo medieval la búsqueda de fines religiosos no se realizaba por *medios racionales* (reproduzco aquí el esquema de Jameson), el *Protestantismo* introducía la conjunción de ambos: una vez que la *conexión entre medios racionales y fines religiosos* se hubo completado, la esfera económica pudo funcionar sólo con los primeros.

Zizek señala el hecho de que la función de *mediación evanescente* es producida por una asimetría entre contenido y forma. El paso del feudalismo al protestantismo representa un primer momento del cambio histórico, un desplazamiento del *contenido*: bajo la apariencia de preservar la forma religiosa, se afirma la lógica ascética dentro de la actividad económica como manifestación de la Gracia divina. En el segundo momento, el cambio es puramente formal; en el momento en el que el protestantismo se afianza como lógica ascética de motivación económica, lo religioso deja de ser la forma bajo la que se produce esta substitución. *¿Dónde queda Schelling?* Para Zizek es un ejemplo de *mediador evanescente* en la historia de la filosofía, conectando idealismo y materialismo, manteniendo la forma del idealismo alemán, e introduciendo un contenido materialista. Aunque pueda parecer sorprendente, es precisamente a través del carácter teológico-mitológico de su obra como Schelling realizaría esta función mediadora, de modo similar a como hemos visto en el caso del Protestantismo.

En *Las edades del mundo* Schelling sitúa la génesis de Dios y su irrupción en el mundo en las palabras del evangelio "En el comienzo fue el verbo". Sin embargo, señala Zizek, la clave está en que el Comienzo no fue *al principio*: antes del Comienzo sólo había "el caótico-psicótico universo de pulsiones ciegas, todas en torbellino, en una pulsación indiferenciada".[176] Estas pulsiones son el *Fundamento último* de la realidad, nada las precede, excepto la propia ausencia de fundamento, la nada. Este abismo de ausencia de todo fundamento es el lugar de la libertad absoluta; no es una libertad que "pertenezca" a nadie, algo predicable de un sujeto; es de hecho una voluntad impersonal, un puro querer. En ella, antes de todo Comienzo, anida la simiente para el nacimiento de Dios. Este puro *querer* sin objeto de deseo, es simultáneamente un *querer nada* y un *querer la nada*; en la oscilación entre ambos polos, uno pasivo, y otro efectivamente afirmativo, Dios queda atrapado como *Fundamento* del mundo, sin ser una entidad independiente de por sí; para alcanzar su independencia debe dejar de ser *Fundamento*, debe separarse de él. Al igual que Descartes, señala Zizek, que debe dar espacio a una locura absoluta, a la destrucción de todo contenido determinado, antes de dar paso a la afirmación. Esta apuesta por lo indeterminado constituye el *mediador evanescente* entre la Nada y Dios, siendo este último, como el sujeto, una entidad marcada por la pérdida, por la ausencia de sí mismo, en un estado de nostalgia permanente por el vacío que lo constituye: sin embargo esa misma pérdida resulta el garante de su propia consistencia como sujeto: para ser tal, debe estar *fuera de sí*.

Ese afuera se concreta en el Verbo: es al pronunciar La Palabra cuando el Comienzo se produce, y el torbellino incesante en el que Dios está perdido (en lo indiferenciado) se ve reflejado frente a sí mismo, como si Dios (o el sujeto) dijeran: "en el signo verbal me encuentro fuera de mí mismo, afirmo mi unidad más allá de mí, en un signo que me representa".[177] Al pronunciar la Palabra, Dios introduce un corte en sí mismo, una fractura que lo diferencia de sí: en definitiva, construye en sí mismo la exterioridad que necesita para –finalmente– *ser*.

176. *The indivisible remainder*, p. 13
177. *Ibíd*, p. 43

El seminario

Tubinga es desde el siglo XVI la sede del *Evangelisches Stift*, el seminario de teología donde coincidirían, como amigos y jurados defensores de la herencia revolucionaria francesa, Hegel y Schelling. Para Zizek, en el movimiento dialéctico se pone en juego precisamente una *mediación evanescente*, y en este caso no podía faltar, como en el caso anterior, una figura de mediación entre Hegel y Schelling, uniéndolos y también señalando su distanciamiento: Hölderlin, el brillante poeta y compañero de pupitre de los dos grandes filósofos. Ambos Hegel y Schelling, como "Dragón" de la subversión afrancesada y Caballero a órdenes del Emperador respectivamente, combatirían en su vida y en sus textos después, a lo largo del siglo XIX, proyectando una sombra que, como señala a menudo Zizek, llegaría hasta Marx y Lenin.

Hemos hablado ya de "fracturas constitutivas"; en la doble lectura entre Kant y Lacan, y en discusión con Bernard Baas, Zizek aborda la problemática de la pulsión pre-subjetiva, el desarrollo durante el cual un cuerpo viviente pasa a ser organismo autoconsciente, al mismo tiempo fuera y dentro de sí mismo; en lo que Lacan denomina "la doblez" del cuerpo alrededor de su propio vacío constitutivo, antes de cualquier dinámica autoreflexiva. En el momento lógico anterior a la inmersión del sujeto en la Ley simbólica, pero ya fuera de la opacidad del organismo biológico *sin más*, hay ya un "exceso" inasimilable.

Aquí Zizek se remite a Hölderlin, cuando este habla en *Hyperión* del "*Uno diferenciado en sí mismo*", una totalidad anómala que el poeta propone *no como un Todo armónico* en el que las diferencias y tensiones se resuelven por obra del artista en su obra, sino *como espacio en el que se perciban los excesos traumáticos que constituyen una vida*. Los versos del poema *Andenken*, "*Pero los poetas establecen lo que resta*", indicarían entonces no la superioridad cognoscitiva del artista tras el paso de la historia, sino ese "resto indivisible" de Schelling, esto es, lo que siempre está separado de la Totalidad, el exceso que no puede ser incorporado a la Totalidad socio-histórica, y sin embargo guarda una íntima relación con ella. En otras palabras, el poeta da voz a lo que una época es incapaz de narrar acerca de sí misma.[178]

La Cosa kantiana y lacaniana no sería de este modo sino su propia ausencia, un inasimilable espectro del objeto perdido primordial, causa del deseo, a su vez generado por la propia Ley simbólica. El *objeto a*, por otro lado, sería el esquema trascendental, bajo la forma de objetos elevados a la posición de la Cosa ("elevados a la dignidad de La Cosa"), y que media entre el vacío *a priori* de la *Cosa imposible* y los objetos empíricos en los que el sujeto invierte su *goce*.

Este exceso inasimilable presente en esa "doblez" del cuerpo, no es sin embargo el Vacío de la Cosa, producido por la prohibición de esta última en la Ley simbólica; la Ley reacciona a un "impedimento inherente respecto al cual el instinto animal queda fijado y atrapado en una eterna repetición": la Ley simbólica permite al sujeto transformar este movimiento repetitivo hacia el objeto y causa de la pulsión primordial, en una *búsqueda eterna del objeto perdido* del deseo. La doblez de la pulsión ocurre en el orden del significante, pero no en el orden establecido por la Ley simbólica; "lo que Lacan intentaba elaborar en las dos últimas décadas de su enseñanza fue precisamente el estatus de un significado aún no contenido dentro de la Ley/Prohibición simbólica".[179] Así, en la *sublimación*, "si la definimos según Lacan, como la elevación de un objeto empírico a la dignidad de La Cosa, la pulsión no eleva un objeto empírico", sino que elige como su objeto uno que ya posee en sí la estructura circular del giro alrededor de un vacío.

Cuando la pulsión ignora el deseo del sujeto, se convierte en un "órgano sin cuerpo", colocándose en el lugar de aquello que el sujeto debió abandonar para constituirse como subjetividad dentro del espacio de la diferencia sexual. En este sentido el

178. *On Belief*, pp. 96-98. Habría que dedicar una reflexión más profunda, independiente de lo afirmado aquí, a la oposición de Zizek, conscientemente platónica, a la poesía -o mejor- a los poetas. Al respecto, su postura está más claramente expresada en su libro-entrevista *À travers le réel*.
179. *Ibíd.*

verso de Hölderlin "*Somos un monstruo / un signo carente de sentido*" señala para Zizek la condición corporal de la existencia humana como creadora de sentido, autonóma respecto a la propia realidad (distanciada de ella, más bien, en el gesto primero de sentido) en la que sin embargo los sujetos se constituyen como tales solamente "a través de una distorsión corporal monstruosa, cuando parte de nuestro cuerpo ... se substrae del cuerpo mismo y actúa como un monstruo autónomo".[180]

Si para Hegel las expresiones gestuales "en la verdad no significan nada", para Hölderlin son *signos extraños que significan el hecho de no significar nada;*[181] para el poeta la época moderna marcaba el abandono de los dioses, que dejaba a los hombres como "signos sin sentido". Zizek lee este abandono en un sentido psicoanalítico como lo que señala precisamente la emergencia del sujeto a partir del *significante*, que es de hecho un signo vacío, en el sentido de que sólo representa al sujeto para otro significante: "la 'nada' es el vacío del mismo sujeto, de modo que la ausencia de toda referencia definitiva implica que *la ausencia por sí misma es la referencia última*, y esta ausencia, el sujeto mismo".

180. *The monstruosity of Christ*, p. 277
181. *Mythology, madness and laughter*, pp. 115-116

TRAS HEGEL

La terna de fidelidades teóricas de Zizek, después de Lacan, continúa con Hegel, dentro del propósito declarado de actualizar el idealismo alemán para la reflexión filosófica actual. Pese a su interés en Kant o Schelling, resulta evidente que quien despierta un respeto teórico mayor es Hegel, a quien no sólo cita y comenta profusamente en todos sus libros, sino que, significativamente, le ha dedicado su primer libro publicado en el extranjero (una reescritura de su tesis doctoral en París), *Le plus sublime des hysteriques. Hegel passe*, y también su último libro "filosófico", *Less than nothing*. Es interesante que, aunque toda su obra pueda leerse como una relectura de Lacan, las palabras de elogio en sus páginas hayan sido siempre las dedicadas a Hegel. Estas son muestra de su "fidelidad incondicional a su obra, a su posición única, en la historia de la filosofía, entre la metafísica tradicional y la anti-filosofía post-hegeliana".[182]

¿Cuál es el sentido de esta fidelidad? Aunque resulte contradictorio, para Zizek (y Badiou) una verdad siempre implica la *fidelidad a una inconsistencia*: un compromiso basado en ciertos principios, mantenido a través de diversos caminos, y dedicado a las implicaciones *universalizables* de un *Acontecimiento* capaz de cambiar el curso de las cosas. Este Acontecimiento señala la posibilidad de que este cambio radical ataña a lo más esencial de la existencia. De este modo la *inconsistencia* es la base ontológica sobre la que se *apuesta* en favor de un camino abierto, "infini-

182. *An answer to two questions*, p. 174

125

tamente revolucionario", horizonte y destino del pensamiento.[183] Citando a Peter Hallward, Zizek señala que 'inconsistencia' es el nombre de *lo que hay*, "y *fidelidad* es la respuesta a lo que acontece, pero solamente siendo fieles a las consecuencias de lo que acontece es como podemos pensar la verdad de lo que hay. En cada caso, la verdad de la situación está en su inconsistencia, y una verdad no extrae su apoyo de la consistencia, sino de la inconsistencia".[184]

Negatividad, universalidad

En su *Filosofía Real*, Hegel describe, en un pasaje especialmente evocador, *la noche del mundo*; ese espacio de la modernidad en el que el fantasma de la naturaleza, desplazado por la humanidad en su lucha secular, "ha vuelto a nosotros",[185] en la medida en que ahora el *hombre mismo* "es esta noche, esta nada vacía, que en su simplicidad contiene todas las cosas" y al mirarse, encuentra en sí mismo "lo interno de la naturaleza que aquí existe –*puro sí mismo*–: en rededor, noche de representaciones fantasmagóricas, surge aquí súbitamente una cabeza ensangrentada, allá otra figura blanca, y del mismo modo desaparecen. Esa noche es lo que se ve cuando se mira al hombre a los ojos, cuando se mete uno en una noche que resulta *terrible*: es la noche del mundo la que se alza aquí frente a uno".[186]

183. *Ibíd.*
184. *Ibíd.*
185. Duque, F., *La era de la crítica. Historia de la filosofía moderna*, p. 463. Esta cita no debe entenderse como una legitimación de la lectura que Zizek realiza de Hegel. La pertinencia de esta no se discute en este libro.
186. Hegel, G.W.F., *Filosofía real*, trad. de José María Ripalda, FCE, 1984, p. 154. En la edición de 2006, significativamente, la penúltima frase reza "el interior de la naturaleza, el puro uno mismo": "El hombre es esta noche, esta vacía nada, que en su simplicidad lo encierra todo, una riqueza de representaciones sin cuento, de imágenes que no se le ocurren actualmente o que no tiene presentes. Lo que aquí existe es la noche, el interior de la naturaleza, el puro uno mismo, cerrada noche de fantasmagorías: aquí surge de repente una cabeza ensangrentada, allí otra figura blanca, y se esfuman de nuevo. Esta noche es lo percibido cuando se mira al hombre a los ojos, una noche que se hace terrible: a uno le cuelga delante la noche del mundo".

Lo primero que destaca Zizek en este pasaje es como en esta "noche del mundo" los que aparecen son *membra disjecta*, objetos parciales, separados de cualquier Todo orgánico: es el resultado del *poder de lo negativo*, esa capacidad del Entendimiento para abstraer todo proceso o propiedad de su contexto y manejarlo como si tuviera una existencia substancial autónoma. En esta *noche*, por tanto, encontramos el *poder del entendimiento en su estado natural*, como *espíritu* disfrazado de mera aparición.[187]

El *poder de lo negativo* es, como señala Parker,[188] la base sobre la que Zizek construye el "rechazo permanente, el No" que sostiene su crítica de la ideología. De hecho, en su libro *Tarrying with the negative*, el relato mítico de los cimientos de Europa encuentra en Hegel un contra-relato que desmantela sus bases, detectando en la "herencia nacional" un fósil ideológico creado retroactivamente por la ideología dominante, con el propósito de difuminar y enterrar sus antagonismos concretos. Es este el Hegel que interesa a Zizek: el "espíritu revolucionario que *abre* los sistemas teóricos"[189] y siente la necesidad, como intelectual crítico, de instalarse en los momentos de fractura, *demorándose* en ellos (de ahí el título de libro) y manteniendo abiertos los espacios en los que el sistema encuentra su propia *imposibilidad* ...a la espera, quizás, de ese Acontecimiento radical.

Recordando el capítulo anterior, en el que mencionábamos la matriz propiamente dialéctica de la *mediación evanescente*, la negatividad se esconde siempre bajo paradojas: como en la opera de Wagner, donde "la herida sólo puede sanar por la misma lanza que la causó", el primer momento dialéctico acaba revelándose siempre como el último, y en un giro *anamórfico*, lo que parecía ser un paso ulterior acaba siendo una *profundización* en los resquicios del primer paso. En otras palabras, la matriz de la "negación de la negación" hegeliana "no consiste en algo que se pierde y se recupera", ni el famoso ascenso a una "unidad superior" (ni tampoco, por cierto, en la famosa tríada *tesis-antítesis-síntesis*,

187. *Mythology, madness and laughter*, p. 116
188. Parker, I. *Slavoj Zizek: a critical introduction*, p. 36
189. *Ibíd.*, p. 37

como veremos más abajo), sino una radicalización, un derrumbe que deja sólo las raíces o profundización (*zu Grunde gehen*).

En lo que Zizek denomina "anamorfosis dialéctica",[190] el paso de la *negación* a la *negación de la negación* acontece en la eliminación de la red simbólica sobre la que se asentaba el término afirmado en primer lugar, una vez ha sido negado también este último:

> *la primera inmediata negación de A niega la posición de A sin abandonar sus límites simbólicos, de modo que debe seguir otra negación, la cual niega el espacio simbólico común de A y su negación inmediata (el reino de una religión es subvertido primero por una herejía teológica; el capitalismo es subvertido primero en nombre del "reino del trabajo"). La brecha entre la muerte "real" negada del sistema y su muerte "simbólica" es esencial: el sistema tiene que morir dos veces.*[191]

Como decíamos, en la acción del *mediador evanescente* la primera negación tiene que ver con la mutación del contenido, "respetando" la forma, que se mantiene en su estado anterior. La segunda negación supone la obsolescencia de la *forma misma*.

Universalidad, negatividad

La *idea habitual* que se tiene del pensador suabo continuaría a partir de aquí, tras el "momento dialéctico" de la "negación de la negación", ascendiendo en un proceso tele-dirigido hacia un "Logos que deviene... el espacio mismo en el que se manifiesta la autoconsciencia universal o Espíritu Absoluto... llegando a abarcar la totalidad de lo que el hombre ha sido capaz de pensar durante siglos, y la totalidad de lo que podrá pensar en el futuro"; una substancia armónica "presentada en un sistema real, exhaustivo y cerrado, en el que podemos encontrar una lista

190. *El espinoso sujeto*, p. 85
191. *Ibíd.*, p. 81

completa de todas las actitudes del alma y el corazón, todas las ideas, sensaciones, y errores conocidos y desconocidos, todas las verdades aprehendidas y por tanto, todas las figuras del pensamiento anteriores y posteriores" ... a Hegel .[192]

Ese "rechazo permanente" del que hablábamos también atañe a este tipo de lecturas: *No*, para Zizek el *Absoluto* hegeliano en primer lugar no sólo es substancia, sino también, en tensión permanente, Sujeto; "el espíritu es un hueso",[193] repite Zizek, no sólo por esta paradoja nunca resuelta entre objeto y sujeto, sino porque la tensión que hay entre ambos se repite constantemente, bajo la forma de derrota: el *infeliz* sujeto siempre fracasa, tanto a la hora del conocimiento, como al hacer *realmente efectiva* su práctica en la esfera social y política. Por eso para Zizek es Hegel quien describe el "fracaso repetido de los esfuerzos del Sujeto por realizar su proyecto en la sustancia social, por imponer su visión al universo social", y la *Fenomenología* es el relato de cómo "el Otro, la sustancia social, una y otra vez desbarata ese proyecto".[194]

De este modo, la negación de la negación no es "un retorno mágico a la identidad después de la experiencia dolorosa de escisión y la alienación", sino que marca la repetición de ese Otro, previamente desplazado por el Sujeto. Es la vuelta descarnada de la substancia social:

Para volver al ejemplo trillado del alma bella: la negación es la actitud crítica del alma bella respecto de su ambiente social, y la negación de la negación es la comprensión de que esa misma alma bella depende del universo perverso que dice rechazar, y participa en él. La negación de la negación no supone ninguna inversión mágica; simplemente señala el desplazamiento o la desaparición inevitables de la actividad teleológica del Sujeto.[195]

192. Henri-Lèvy, B. *Sartre*, Polity Press, Cornwall, 2003, pp. 413-415
193. *Der erhabenste aller hysteriker. Psychoanalyse und die Philosophie des deutschen idealismus*, p. 107 y ss.
194. *El espinoso sujeto*, p. 85
195. *Ibíd.*, p. 86

La clave radica aquí en esa "inevitabilidad"; si la primera negación "no se negara a sí misma", la actividad teleológica del Sujeto alcanzaría su meta, y la *ascensión* (en todos los sentidos) sería posible. Zizek lo señala claramente: la propia matriz lógica del movimiento de lo negativo hace del proyecto del sujeto un "fracaso necesario": no hay ningún "Sujeto Absoluto", porque el Sujeto mismo es un momento de autoengaño, una autoafirmación en la que un aspecto *particular* de la substancia se postula como principio *universal*, sin llegar a ser nunca exterior a ella. En ese mismo gesto, empero, resulta ser parte constitutiva de ella misma.[196]

Es en este punto en el que, para Zizek, Hegel complementa y se distancia de Kant, en la medida en que combina el hecho de que *no hay realidad sin sujeto* –dado el carácter ontológico constituyente que este tiene–, con el hecho de que la *mirada* en la que el sujeto aprehende al *sesgo* lo que le es exterior introduce ese sesgo en la propia realidad. Dicho de otro modo: la realidad misma incorpora las perspectivas particulares que le dan forma. Y no siendo reductible a la suma de todas ellas, ese mismo fracaso, como resto espectral, la acompaña también.

Desde este punto de vista la *substancia como sujeto* no es el resultado de la "ida y vuelta" de la substancia, que se afirma, se "niega" al proyectarse fuera de sí misma, para después re-unirse. De manera algo problemática[197] su desarrollo puede narrarse en cuatro momentos (y no tres): el momento de afirmación positiva; su negación y exteriorización; un primer retorno abstracto, y la (precaria) reconciliación concreta entre el resultado de esta conciliación abstracta, y la positividad primera de la que se partía.[198] En el ejemplo que da Zizek respecto a la relación entre Naturaleza y Espíritu: la Idea, como espacio conceptual puro, se

196. *Ibíd.*

197. "Estos problemas sobredeterminan la oscilación de Hegel entre las diferentes estructuras generales de su lógica" *Ibíd.*, p. 90. Vale la pena notar la coincidencia de que este término, 'oscilación', sea el más utilizado por los críticos de Zizek a la hora de describir las inconsistencias de su producción teórica. Cfr. los textos críticos -y la respuesta de Zizek- en *Traversing the Fantasy* y *The Truth of Zizek* (víd. Bibliografía).

198. *El espinoso sujeto*, p. 90

niega en la Naturaleza, su negación inmediata como exteriori-dad inerte, puro mecanismo espacial; pero también se ve negada en el Espíritu finito, como subjetividad particular y limitada, opuesta dolorosamente a lo universal (pues en su infinita parti-cularidad se ve completamente alienada de la Naturaleza y ence-rrada en su propio egoísmo), y a partir de ese momento siempre anhelante de una futura reunificación de la totalidad de la Naturaleza.

Este momento no puede implicar reconciliación alguna: es cuando el Espíritu finito se encuentra reflejado en el Espíritu objetivo –la sustancia ética objetiva o *eticidad* (*Sittlichkeit*), la "segunda naturaleza" de las costumbres, leyes, tradiciones e his-toria traducidas en instituciones socio-históricas como el Derecho, la Sociedad civil o el Estado–, cuando se alcanza un precario punto de equilibrio, una *precaria reconciliación*.[199]

Reflexividad, universalidad, negatividad

El sujeto experimenta esta "segunda naturaleza" en primer lugar bajo la institución familiar, la más inmediata y orgánica. Para superar las lindes de esta, y afianzarse como sujeto autóno-mo, "cambia su adhesión fundamental", incorporándose a las comunidades de individuos libres e independientes que se sola-pan y entrelazan en la Sociedad civil y el Estado. La clave está, empero, en que el paso de la primera identificación "primaria" a la segunda no es ni una negación completa, ni una suerte de superación por adición, sino una "transubstanciación" en la que las identificaciones primarias "comienzan a funcionar como la forma de aparición de la identificación secundaria universal (por ejemplo, precisamente por ser miembro de una buena familia yo contribuyo al funcionamiento adecuado de mi Estado-nación)":

En esto reside la diferencia hegeliana entre la universalidad abstracta y la universalidad concreta: la identificación universal

199. *Ibíd.*, pp. 91-93

secundaria es 'abstracta' en cuanto se opone directamente a las formas particulares de la identificación primaria: es decir, en cuanto obliga al Sujeto a renunciar a sus identificaciones primarias, se vuelve 'concreta' cuando reintegra las identificaciones primarias, transformándolas en los modos de aparición de la identificación secundaria.[200]

Como hemos visto, para Zizek debe leerse a Hegel sorteando la tentación de producir "síntesis dialécticas", evitando así los enfoques evolutivos o teleológicos de cómo las cosas se van haciendo reflexivamente conscientes de lo que son, esto es, del "desarrollo progresivo del *en-sí* hacia el *para-sí*".[201] Este desarrollo, por lo demás, tampoco alcanza nunca una reconciliación completa; sin embargo, hay que huir también de "la representación vulgar del desarrollo dialéctico como corriente en contínua transformación, donde lo viejo muere, lo nuevo nace, y todo está en incesante movimiento, pues la representación de la naturaleza como proceso dinámico de transformación, concepción habitual desde Sade hasta Stalin, no tiene nada en común con el auténtico proceso hegeliano".[202]

Otro aspecto de la reflexividad, en conexión con la negatividad, aparece precisamente en este campo intersubjetivo; la relación entre los sujetos es la arena en la que se *lucha por el reconocimiento*,[203] una lucha a muerte encarnada en las *figuras* del amo y el esclavo, alternándose en la comprensión de su mutua dependencia y la resistencia frente a ella. Para Zizek esta dialéctica anticipa el fracaso de todo intento de construir relaciones intersubjetivas completamente transparentes, tanto al nivel personal, como sociopolítico.

200. *Ibíd.*, p. 102
201. *Tarrying with the negative*, p. 142 y Parker, I., *Slavoj Zizek: a critical introduction*, pp. 39-40
202. *L'isterico sublime*, pp. 165-166
203. En el énfasis en este aspecto de la filosofía hegeliana se pueden rastrear varias de las capas de lectura sobre las que se asienta Zizek: la lectura de Kojève en sus famosos seminarios, y a partir de ella (con todas sus idiosincracias) la lectura de Lacan. Entre ambas cabría imaginar, a partir de los datos biográficos del propio Zizek, la mediación de Adorno.

Hay otro nivel en el que *reconocimiento* y *negatividad* cobran importancia. La *demora en lo negativo*, también como fuerza que desmonta y despliega las contradicciones de verdades e identificaciones abstractas, es no obstante un camino hacia la verdad. A través del continuo reconocimiento fallido, o más exactamente en *ese mismo fracaso*, el sujeto puede encarar aquello que en la Verdad *la hace Verdad para el sujeto*. El vacío entre el reconocimiento fallido y el conocimiento de la verdad nos remite de nuevo al *obstáculo* como impedimento y a la vez posibilitador de la experiencia de verdad: la exterioridad del sujeto no es un obstáculo para desarrollar cierto potencial, sino, al contrario, la propia arena en la que se pone a prueba la auténtica naturaleza de esos potenciales.[204]

Este acento en *lo negativo* tiene un contrapeso en la manera en que Zizek entiende el momento reflexivo. Cuando se examina la relación entre la representación del mundo y aquello que realmente es, siempre permanece al acecho *una mirada imposible*: el punto impersonal desde el que las cosas *se muestran tal como son*. Sin embargo, en la filosofía de Hegel Zizek encuentra un respaldo a una postura filosófica de inspiración claramente lacaniana: no hay metalenguaje. Todas las posiciones son "de parte", y juegan un papel en la misma estructura de lo real.

Tal y como ocurre con la diferencia moral entre Bien y Mal, esta no es meramente un atributo del objeto de la percepción, sino que siempre está dialécticamente mediado por el sujeto:[205] la percepción es siempre *mediata*. Esto no es óbice para que se produzcan ciertas "interferencias" en esa misma mediación: todo intento de la reflexión por alcanzar una *mediación completa* de un contenido inmediato fracasa, en la medida en que produce su propio resto de *inmediación no-reflexiva*.[206] Esta es una de las "viejas aporías de Hegel" que Zizek señala, apoyándose en Merleau-Ponty: en "el clásico motivo de una experiencia pre-reflexiva del mundo, que nunca puede ser recuperada por la

204. Parker, I., *Slavoj Zizek: a critical introduction*, p. 41
205. *The Indivisible remainder*, p. 98
206. *Ibíd.*, p. 50

reflexión" debe evitarse reificar este resto irrecuperable, transformándolo en un *En-sí positivo y pre-reflexivo*: lo que elude a la reflexión es, simplemente, la propia actividad reflexiva. En palabras de Merleau-Ponty, "la reflexión recupera todo excepto a sí misma como esfuerzo de recuperación: clarifica todo excepto su propio papel".[207] Para Hegel, en la oposición entre "reflexión externa (o presuponente)" y "reflexión suponente", al darse el paso de la primera a la segunda el momento de inmediación que se le escapa a la recuperación reflexiva cambia de la reflexión misma hacia su presuposición externa o punto de partida. La premisa de la "reflexión suponente" es que todo contenido positivo dado puede ser mediado, reducido a algo *supuesto* (postulado) por la actividad reflexiva. Sin embargo hay algo que se escapa al poder de esta reflexión universal:[208] ella misma. Cuando en la reflexión esta limitación propia se hace evidente, esta se torna *inmediatez* de nuevo: la reflexión, de manera *necesaria*, interpreta este acto propio de manera reificada, como el *En-sí* de una presuposición externa.

La clave de todo está en el oscilar entre el *En-sí* que precede a la actividad reflexiva, y la actividad reflexiva misma, de modo que su resolución consiste en asumir la identidad de ambos polos *en su fracaso*: la reflexión *En-sí*, junto a la actividad reflexiva misma, intenta en vano alcanzar el punto inaprehensible de inmediatez vital de la experiencia. O dicho de otro modo: la manera de romper el círculo vicioso de la reflexión no consiste en agarrarse a un apoyo positivo-inmediato y anterior a toda reflexión, sino cuestionar la *inmediatez vital de la experiencia*, que en definitiva está *desde el comienzo*: el retorno (reflexivo-recuperador) a la inmediatez *crea aquello a lo que retorna*.

Zizek subraya en estos detalles cómo, para Hegel, el viaje hacia la verdad es a través del error, y ese viaje se caracteriza no solamente por formas de reconocimiento que acaban siendo fallidas, sino también por la constitución retroactiva de aquello que reconocemos. De hecho, el motivo de la "identidad especu-

207. Citado en *The indivisible remainder*, p. 51
208. *The indivisible remainder*, pp. 50-52

lativa" en Hegel también funciona a veces como un modo de llamar la atención sobre la complicidad *entre un sistema* y aquello que pretende posicionarse *fuera de él*.

Este "postular las mismas bases sobre las que se actúa" es crucial para la descripción que Zizek realiza del gesto de *constitución retroactiva* presente en la fundación de todo imaginario político nacionalista: la noción de que nuestra "comunidad", "nación" o grupo étnico "ya estaba desde siempre", necesita ser analizada y desmontada, también como prueba de que, al fin y al cabo, la vida que vivimos es creada por nosotros mismos. Como vimos al comienzo de este libro, Zizek también da importancia al modo en que los movimientos revolucionarios dependen de su relación re-producida con los fracasos del pasado; cómo se *inscriben* en ellos, y consiguientemente los *reescriben*: el error, repetido, puede producir *verdad*.

Volviendo al concepto de *reflexión*, reconocer la posición propia en la mirada que *construye* mundo, abre un camino al reino de lo "universal". Este vínculo con la *universalidad* es un tema crucial en Hegel, y que Zizek aborda en varias de sus posibles lecturas. En un primer momento, la *oposición* entre el desarrollo del individuo y la marcha progresiva de la historia; en segundo lugar, la combinación de estos dos elementos en una suerte de compromiso intermedio; y finalmente su (no) resolución "dialéctica". En esta cuarta versión, *negatividad* y *reflexividad* se ponen en funcionamiento para vincular la *individualidad*, lo *particular* y lo *universal*.

La lectura que pone el acento principal en el individuo destaca el movimiento por el que "la autoconciencia universal es la conciencia afirmativa del yo en otro yo"; la universalidad emerge del *estar junto a los otros* de la conciencia humana, cuya concreción aparece en la *Bildung* como trabajo del sujeto por construirse a partir del conjunto de la *Kultur* (digamos, la "cultura objetiva"). Esta, sin embargo, tiende a la autosatisfacción, a la congelación del momento contradictorio del proceso. En Kojève, por contra, la universalidad aparece como lucha histórica por el reconocimiento, combate (no carente de derramamiento de sangre) en el que los amos (*Herren*) finalmente son conscientes de que, cuando sus esclavos (*Sklaven*) sean conscientes de que dependen totalmente de ellos, su dominio habrá acabado. Esta guerra secular ni acabó en tiempos de Hegel,[209] ni Kojève ("marxista de derechas" y espía del KGB, dicho sea de paso)[210] dijo nunca que la batalla hubiese llegado a una feliz y armoniosa conclusión en la Unión Soviética. El camino intermedio entre estas dos últimas lecturas vendría a colocar la resolución del conflicto entre el individuo y lo social en el desarrollo de una "clase universal" como vehículo del reconocimiento mediado por la *cultura objetiva*.

La lectura de Zizek, por contra, recupera lo que él considera más radical en Hegel; la clave está en el modo en que se constituye *la creencia en la creencia de los otros*, y el modo en que lo que parece ser un límite es la misma condición de posibilidad del pensar: para Zizek la asunción de la *no existencia* del Otro como garantía (Dios, o las "leyes de la historia"), lejos de ser un obstáculo, es aquello que da paso a la *comunidad de creyentes*, fundada en el amor, y que a menudo identifica con diversos movimientos revolucionarios, o incluso el partido comunista (en un sentido más general, en la medida en que aparece en Marx y Engels, por ejemplo). Cuando ambas *creencias* están interrelacionadas dialécticamente, el "universal" no aparece ni como suplemento de lo particular ni como colección de particulares; es el "cortocircuito" que ejerce de *marca* de lo singular en lo universal; aquello *único* como históricamente fundamentado; o la comunidad, unida en el amor, como fuerza radicalmente disruptora, negativa.

En esta concepción de la negatividad, Zizek está leyendo también a Kant, bajo el prisma de un núcleo dialéctico obliterado en su obra, y sirviéndose a su vez de la lectura de Heidegger

---

209. Lecturas menos complacientes con el relato de un Hegel "reaccionario" se pueden encontrar en Marcuse (v. supra); Jacques D'Hondt, *Hegel en son temps*, Éditions Sociales, París, 1968; o Domenico Losurdo, *Hegel e la Germania*, Guerini e associati, Milán 1997.

210. Cfr. Filoni, M., *Le Philosophe du dimanche. La vie et la pensée d' Alexandre Kojève*, Gallimard, 2011

para evitar un *cierre del movimiento de lo negativo*: aquí Hegel se mantiene como una figura intermedia, que mantiene abierta la Ilustración como fuerza revolucionaria.[211]

Releyendo el "giro copernicano" de Kant, Zizek conecta con su ontología para subrayar la pérdida de estabilidad substancial del sujeto en su autoconciencia inmediata, la apercepción tras-cendental. Esta se convierte en un "vórtice abismal", al que el sujeto se asoma para encontrar un "grado cero de la experiencia", tal y como ocurría en *la noche del mundo* hegeliana. La concien-cia misma se ve fracturada; la identidad consigo misma es posi-ble solamente a través de una mínima auto-diferenciación, una distancia de sí mismo que permita una reflexión del sujeto que constituya su propia percepción: de este modo, sin embargo, la condición de posibilidad del sujeto deviene al mismo tiempo condición de su propia imposibilidad, pues esta distancia abre a la vez una brecha que lo aleja eternamente de la identidad com-pleta consigo mismo. En este *impasse* cuasi derrideano, Zizek vuelve a Hegel para recordar que en Hegel la *identidad como imposibilidad* se trueca en "la identidad en sí como nombre de una cierta imposibilidad radical";[212] la autoconciencia se funda-menta precisamente en la *no-transparencia* del sujeto consigo mismo, y la *apercepción trascendental* kantiana es posible sólo en la medida en que el sujeto no puede aprehender su dimensión nouménica, allí donde es sólo una "cosa que piensa".

Subjects, *sujetos, súbditos*

Un aspecto de la dialéctica hegeliana que interesa mucho a Zizek es la oscilación que se produce a veces entre exterior e inte-rior: al combatir aquello que se percibe como externo, como *extranjero*, uno combate su propia esencia, o al obstaculizarse a uno mismo, en realidad es un elemento externo al que se está obstaculizando. Este movimiento se aprecia también en la

---

211. Parker, I., *Slavoj Zizek: a critical introduction*, p. 46
212. *Porque no saben lo que hacen*, p. 56

misma constitución del sujeto;[213] su fractura interna, la escisión íntima que lo define, "corta" también la realidad,[214] insertando en ella misma una fractura: el sujeto es por tanto una "fractura" (*Crack*) en la substancia, un vórtice, como decíamos, que pone el contrapunto de oscuridad absoluta en la filosofía de *les lumières*.

Si al sujeto se le interrogara sobre las bases que lo determinan, en última instancia se llegaría a las afirmaciones de estilo teológico, como "Soy el que Es". Estas dirigen la atención de Zizek hacia la tautología y la *proposición especulativa* en Hegel; en este tipo de expresiones hay una *demora lógica*, una temporalidad en el contenido lógico de la afirmación: tras la primera parte de la frase, se produce una expectación, un deseo de determinación, de novedad, que se frustra en la segunda parte. A través de este "fracaso de los predicados", las proposiciones como A = A señalan un momento de encuentro del primer término *con su propia ausencia*, y en el caso general de la identidad, así como en el del sujeto mismo, se produce la *coincidencia de la auto-identidad con el espacio vacío de su inscripción*: la identidad es, de nuevo, un resto inaprehensible por el predicado, y se constata de este modo que la auto-identidad "no es *nada más* que la confrontación de una identidad con el vacío encontrado en el lugar donde esperamos un predicado. Esto es, la identidad como *negatividad absoluta*".[215]

Es así como Zizek puede leer el lema "la substancia es sujeto" no como una afirmación del poder de la subjetividad moderna, como si el sujeto se hubiera apropiado de la naturaleza hasta el punto de poder dominarla desde la propia identidad completa con ella, *sino* como el hecho de que en el campo sociopolítico no puede haber régimen político que no dependa para sustentar su autoridad de la *participación* de los sujetos en él: porque esencialmente la condición de posibilidad del Otro (social, político, ontológico) es también condición de su imposibilidad, o dicho de otro modo, el Otro bajo la guisa del poder anónimo ajeno a

213. *Concesso non dato*, p. 228
214. Malinverno, N. *Dall' immaginario all'ideologia nel pensiero di Slavoj Zizek*, p. 19
215. *Porque no saben lo que hacen*, p. 54-56

los sujetos nunca puede llegar a ser una totalidad completa, lo que es equivalente a decir, con Lacan, que el *Otro no existe*.

Esta dialéctica entre lo interno y lo externo tendrá implica- ˙ ¹evantes para el análisis político. En el caso de los esta- llados ce violencia racial en Europa o EEUU, Zizek recurre a la noción hegeliana de "juicio infinito" que acabamos de ver: en este, entendido como cuarto momento de la teoría hegeliana del juicio, la tautología A = A expresa la externalidad radical del sujeto respecto al predicado. En el juicio infinito "la Substancia es Sujeto", como sujeto y predicado son completamente exter- nos, ningún predicado puede determinar completamente el suje- to, pero no quiere decirse con esto que haya una "falta de identi- dad" entre Substancia y Sujeto; esto presupondría que ambos son entidades autoidénticas entre las cuales finalmente no cabe iden- tidad alguna. En realidad "uno de los dos momentos (el sujeto) no es otra cosa que la no identidad consigo mismo del otro momento (la substancia)".[216]

En este sentido, el *juicio infinito* explica la identidad especu- lativa de estos estallidos de "odio al otro" con el universo post- político multicultural del capitalismo tardío; del mismo modo en que el universalismo multicultural produce violencia particu- larista, la extensión del capitalismo a escala global (como supuesta garantía de acceso al consumo de masas) lleva al empo- brecimiento generalizado.[217] Hay que recordar que esto no supo- ne una causalidad estricta; de hecho, estos "efectos" en realidad son los que hacen posible su opuesto (capitalismo globalizado, multiculturalismo liberal, etc.).

¿Cómo afrontar estas cuestiones políticas? Entraremos en detalles más adelante, pero antes cabe mencionar el giro inespe- rado que Zizek hace del legado hegeliano, a la hora de pensar en la alternativa revolucionaria. En textos recientes, propone aban- donar tanto la doble noción de Rancière de *Política* como uni- versalización de la "parte sin parte" de la sociedad frente a *Policía* como administración o mera gestión de los asuntos sociales; y la

216. *Porque no saben lo que hacen*, p.160-162
217. *The Zizek reader*, pp. 213-215

de Badiou de *política como fidelidad al acontecimiento* frente a política como mero "servicio de los bienes". En su lugar, propone entender la Política –con mayúscula– como la apuesta por el cambio de la misma estructura de funcionamiento de la Política misma. Sin embargo, este cambio de funcionamiento tiene que ver también con la relación con el Estado,[218] y Zizek se remite a Domenico Losurdo para defender una nueva reapropiación de la "derecha hegeliana", frente al anti-estatismo de los "jóvenes hegelianos": la tarea sería ahora reconstruir el espacio para un Estado fuerte enraizado en la *sustancia ética compartida.*[219]

Para él la "reconciliación revolucionaria" no es un cambio en la realidad, sino un desplazamiento de *paralaje* en la manera en que nos relacionamos con ella: parafraseando a Hegel, –"no se trata de transformar la Cruz de la miserable realidad contemporánea en un nuevo jardín de Rosas, sino reconocer la Rosa en la Cruz del presente"–, Zizek remite así a la defensa hegeliana de las instituciones mediadoras, en parte ya existentes, que podrían ejercer como pilares de ese Estado ético (cooperativas, gremios en el caso de Hegel...), pero advierte que esta solución "corporativista" oculta otra opción presente desde el comienzo y eludida constantemente:

> *para Milbank ... si rechazamos la solución corporativista, la única alternativa sería una austera dictadura socialista. ¿Por qué no puede ser nuestra tarea la de reconocer la Rosa ...en la Cruz de la austera dictadura socialista?*[220]

Esto es, no convertir "dictadura socialista" alguna en un "nuevo jardín de rosas", sino reconocer la Rosa en la Cruz de esas experiencias. Como ocurre con los *juicios infinitos positivos*, esta (y otras muchas) sentencias de Zizek pueden –pese a la anterior acotación– dejar al lector perplejo. Resulta significativo que

218. Se pueden leer críticas al respecto, dirigidas entre otros a Negri, Hardt o Holloway en *La revolución blanda, Repetir Lenin, Primero como tragedia, después como farsa,* y *Living in the end times.*
219. *Living in the End Times,* p. 200
220. *The Monstruosity of Christ,* p. 292

desde que su carrera intelectual pasó al plano internacional, las conclusiones personales o irónicas (o ambas cosas a la vez) que extrae "en voz alta" le hayan granjeado condenas tan duras como las que Marcuse (y otros) recordaban precisamente respecto a Hegel. Si este último pudo ser para sus comentaristas simultáneamente "defensor del [represor] Estado prusiano",[221] "precursor del militarismo",[222] "enemigo de la Sociedad abierta",[223] "padre de la socialdemocracia"[224] y "del liberalismo moderado"[225] –aparte de precursor de Marx–, Zizek ha sido consecutivamente para sus comentaristas disidente, estalinista, anti-semita, pro-israelí, pro-palestino, defensor de Hitler,[226] pro-capitalista, socialdemócrata ("agonístico" *à la* Laclau), neoconservador y comunista.

Las páginas que siguen también seguirán indagando en el marco sobre el que se asienta esta y otras afirmaciones de Zizek, pero antes de repasar su crítica de la ideología capitalista, cuál es su análisis del estalinismo, y si esa "austera dictadura socialista"[227] realmente se compadece con la connotación que se le da a esos términos, parece pertinente conocer algo de lo que ofrece el cruce teórico de Zizek con Marx.

---

221. Cfr. Marcuse, H. *Razón y revolución*
222. *Ibíd.*
223. Para Karl Popper en el archiconocido *La sociedad abierta y sus enemigos.*
224. Para Vorländer en *Fichte, Hegel y el socialismo* (ed. Natán, Valencia, 1987), o para Domenico Losurdo en *Hegel e la libertà dei moderni*, según Félix Duque en *La restauración: la escuela hegeliana y sus adversarios*, ed. Akal, p. 6
225. Para Ritter, J., en *Hegel und die Französische Revolution*, citado en Duque, F. *op. cit.*
226. Víd. Aproximación biográfica, *supra*. Del resto hay también citas múltiples que reseñar, pero sería absurdo hacer un listado aquí.
227. Por cierto que esta noción recuerda a la dictadura eco-socialista global que Wolfgang Harich parecía sugerir como única solución a la crisis civilizatoria y ecológica de finales del siglo XX, esto es, en palabras de Manuel Sacristán: "un autoritario comunismo homeostático... de la escasez", víd. Prólogo a Harich, W., *¿Comunismo sin crecimiento? Babeuf y el Club de Roma*, ed. Materiales, 1978, Barcelona.

En la versión italiana del primer libro publicado por Zizek en Europa "occidental", *Le plus sublime des hysteriques: Hegel passe* (1988), tras un abrupto corte en el texto, el editor avisaba de que "a este [capítulo] le seguirían dos sobre marxismo-leninismo, [pero] tras la caída del muro de Berlín han perdido mordiente".[228] Ni el público italiano, ni el alemán, ni el español supieron nunca más de esos capítulos titulados "El secreto de la forma-mercancía", "Marx y Freud", "El fetichismo de la mercancía", "El cuerpo totalitario" o por qué "El Pueblo no existe", ni tampoco en qué consistiría ese supuesto "marxismo-leninismo". En todo caso, estos temas han reaparecido después, empezando por el libro inmediatamente posterior, *El sublime objeto de la ideología* (1989).

Lo que no deja de ser cierto pese a estas "*cartas robadas*" es que Zizek, si bien resulta complicado afirmar que defiende una "posición marxista sistemática",[229] es cierto que comparte los principios teóricos y prácticos "clásicos" de la tradición marxista, y por encima de todo comparte la convicción de que el capitalismo no es el horizonte último de la historia, sino que de

228. *L'isterico sublime*, p. 166, editado por Antonello Sciacchitano, ed. Mimesis, Milán, 2003. Es una versión del alemán (*Der erhabenste aller Hysteriker*, ed. Turia und Kant, Viena-Berlín, 1992, traducida a su vez del francés) profusamente comentada, casi una edición crítica (el 'casi' marca aquí la diferencia entre una exégesis y la escritura de un libro paralelo en las notas), con tres o cuatro notas al pie del editor en cada página.

229. Sharpe M., *Slavoj Zizek: A little piece of the real*, p.127

hecho es un sistema condenado a no ser capaz ni de afrontar los problemas críticos que se vislumbran en el futuro inmediato,[230] ni de mantener el idilio con la democracia liberal que, al menos oficialmente, se le atribuía.[231] De hecho, la decadencia de este "idilio", cuyo desenlace se refleja para Zizek en el capitalismo autoritario de Singapur o China, ya estaba presente desde el comienzo, puesto que, si bien de todas las exigencias políticas que aparecían al final del *Manifiesto comunista* casi todas forman ahora parte del supuesto consenso liberal-demócrata actual, todas ellas han sido el resultado de trágicas e intensas luchas obreras.[232]

Desde luego, a nivel más teórico la lectura de Marx también pasa muy a menudo por el tamiz psicoanalítico; de hecho es de la convergencia entre ambas tradiciones de la que surge su teoría de la ideología, que trataremos más adelante en detalle: esta no es un sistema de falsas creencias, impuestas por la clase dominante y sin contacto alguno con la realidad, sino más bien el conjunto de agencias que impulsa a los sujetos a actuar del modo en que lo hacen *pese a saber qué implicaciones* tienen sus actos (a saber: legitimar a través del consumo un orden de explotación en el que el capital es el único *sujeto* legítimo). Zizek no oculta el carácter práxico del marxismo, su vocación eminentemente transformadora, pero precisamente por lo que hay en juego intenta alejarse de toda *pseudo-actividad* y mantenerse abierto a aquellos momentos en los que lo más "práctico" es resistir la tentación de hacer algo a cualquier precio y preferir, "como Lenin en 1914", *leer y aprender* antes de *hacer*.[233]

Ese *hacer* respecto al cual gira toda teoría revolucionaria tiene que ver directamente con un núcleo velado –*traumático*–, de lo Político, donde la *gestión* y el *control* del estado de cosas colapsa y deja espacio a la posibilidad de una transformación

---

230. Malinverno, N. *op. cit.*, p. 13
231. "Zizek at Tegenlicht", TV holandesa, 5 de enero de 2010, y "On the Idea of Communism", Conferencia 13 de marzo de 2009
232. "Free will, ideology and fantasy", Entrevistado por Silfur Egils en TV islandesa, 2008
233. *Sobre la violencia*, pp. 16 y 18

estructural: la cuestión es por tanto cómo activarlo y potenciarlo sin añadirle suplemento alguno que, a la postre, acabe negándolo.[234]

Esta negación acontece bajo cuatro figuras principales. En la *archi-política*, este momento de lo *Político* –con mayúsculas– es enterrado bajo una estructura sociopolítica organicista, clausurada bajo un relato monolítico en el que el máximo peligro es la división del cuerpo social; en la *para-política*, lo Político se desactiva al reformularse como mera *competición* entre los actores políticos realmente legitimados para el juego democrático-representativo (es decir, sobre la peligrosa *sima* de lo *Político*, se coloca un mecanismo de movimiento perpetuo y alternancia obligatoria que nunca permita su irrupción); la *ultra-política*, en la que se introduce el esquema bélico *interior-exterior*, nosotros-ellos; la *post-política*, como régimen de colaboración entre tecnócratas y empresarios, "más allá de ideologías", clausurado dentro del marco de tolerancia multicultural y con la gestión de los *intereses en conflicto* como tarea única a realizar; y finalmente, la *metapolítica*, negación utópica de lo *Político* en la que este se descarta como fin último y se busca la total transparencia del cuerpo social, en la que lo económico-político sea por fin administrado sin obstáculos.

En estos cinco momentos dialécticos de negación de lo Político, Zizek coloca al *marxismo* como un *resto* sin lugar definido, sólo en parte meta-político. Reconoce ese *escenario alternativo* que parece operar tras el ámbito político; la *economía*, pero en realidad aspira a revertir este esquema, reintroduciendo *lo Político* en el ámbito de la economía. Y es que la despolitización de los procesos económicos desactiva toda aspiración de mayor participación ciudadana en el ámbito de decisiones que más le afecta y lo traduce en diferencias religiosas, étnicas, sexuales, estéticas o morales: "la única manera de crear una sociedad en la que las decisiones de alcance y de riesgo sean fruto de un debate público entre todos los interesados consiste en una suerte de radical limitación de la libertad del capital, en

234. *En defensa de la intolerancia*, p. 28

la subordinación del proceso de producción al control social, esto es, una radical re-politización de la economía".[235]

La clave de esta inversión de la *metapolítica* yace entonces en el hecho de que la *lucha de clases* no expresa contradicciones económicas objetivas (el espacio oculto que se retraduce en las luchas, *proyectándose en ellas*), sino que es la *forma de existencia de estas contradicciones*. La lucha de clases tiene por tanto un papel "estructural", no como elemento puramente binario (que sería una vuelta a la *ultrapolítica*, tanto en su forma pura –nazismo, fascismo– como en la forma defensiva que puede adoptar la *post-política*),[236] sino como un "vacío formal trascendental" que se traduce en tres elementos: las dos clases antagónicas *más el propio antagonismo como factor de distorsión*, que evita siempre que el binomio se presente públicamente como tal. La "apuesta del marxismo" es que hay un antagonismo principal (la lucha de clases) que *sobredetermina* todos los demás, esto es, estructura todos los modos en los que el resto de antagonismos pueden ser alineados y explicados recíprocamente: "por ejemplo, la lucha feminista se puede articular en conjunción con la lucha progresista por la emancipación, o puede (y ciertamente lo hace) funcionar como una herramienta ideológica de las clases medias-altas para afirmar su superioridad sobre las 'patriarcales e intolerantes' clases bajas".[237]

La lucha de clases es, por tanto, el *universal concreto* hegeliano, en el sentido de que es en la relación con el resto de antagonismos como se relaciona consigo mismo, define su propia identidad y determina a su vez la de todo el campo de antagonismos. Pero, ya más allá del vocabulario tomado de Hegel, Zizek entiende la lucha de clases como el *paralaje político* por excelencia; el antagonismo social para el que no existe espacio de conjunción posible entre los agentes en conflicto. Este se inscribe a su vez dentro del *paralaje* entre economía y política; la *lucha de clases* opera dentro del núcleo del funcionamiento económico del capi-

235. *Ibíd.* p. 110
236. *Irak. La tetera prestada*, p. 138
237. *Ibíd.*, p. 140 y The year of dreaming... esp. pp. 26-34.

tal, y las *relaciones de poder económico* son en última instancia lo que define los términos de la lucha, pero ambos no llegan a solaparse completamente: toda traducción de la lucha política en términos de intereses económicos fracasa, del mismo modo que toda reducción de la producción económica a mero derivado de la contienda política. No obstante, a la hora de dar cuenta de este antagonismo, no es suficiente con afirmar que no puede ser reducido a las fuerzas objetivas socioeconómicas; es necesario ir más allá del dualismo clásico entre base y superestructura y ver cuál es la "diferencia mínima", "la no-coincidencia del Uno consigo mismo" que lo genera.[238]

En la lectura de Zizek la noción de base, clave dentro del edificio del materialismo marxista, no debe entenderse como el fundamento que determina y restringe la libertad de los sujetos, actuando como aquello que está tras el velo de una aparente libertad, sino que debe entenderse como la substancia social que sostiene nuestra libertad. Si el orden legal sustentado por los aparatos de Estado es la base que sostiene el intercambio (desigual) del libre mercado, la cuestión es qué base habría que (re)construir para alcanzar una libertad *efectivamente real* (*Wirklich*): "aunque los trabajadores en el capitalismo son formalmente libres, no hay 'base' que les permita realizar su libertad como productores", es decir: aunque hay libertad 'formal' de expresión, organización, etcétera, "la base para estas libertades está limitada".[239]

Sin embargo, hay que dejar claro que, pese al papel central teórico de la lucha de clases, a nivel político no puede continuar la confianza en que los problemas estructurales del capitalismo se resuelvan simplemente con la "victoria crucial de *clase* entre excluidos e incluidos",[240] en el sentido de que estos se vean por fin acogidos dentro de los espacios asignados dentro de la vida socioeconómica "normal" de la sociedad global.

Que en los *excluidos* del sistema se encarne la característica central de este, en la medida en que carecen de lugar propio den-

238. *Visión de paralaje*, p. 22 y pp. 10-12 de la ed. inglesa original.
239. *In defense of lost causes*, pp. 19-20
240. *Primero como tragedia, después como farsa*, pp. 115-117

tro de la jerarquía social capitalista y esta se perpetúa precisamente mediante la imposición de exclusiones progresivas en su interior (acceso a la información, acceso mayor o menor a las decisiones empresariales o estatales, acceso a *lo común*, etc.) y en el exterior (blindaje geopolítico del centro del *sistema-mundo* capitalista, proyección de las desigualdades hacia países de la periferia, etc.), *implica* que el resto de problemas críticos (ecológico, propiedad intelectual, biogenético) no se resuelven sin solucionar antes el de la *exclusión*, y que para resolver este último es necesario extender su lógica democrática al tratamiento del resto de problemas. La característica común a todos ellos es el del *proceso de proletarización*, entendido como de-sustanciación y subsunción por el capital (incluida la nueva "burguesía asalariada");[241] por ello, en el factor excluido, "su exclusión misma es el modo de su inclusión", es decir, su lugar asignado en el cuerpo social es el de la exclusión del espacio público de deliberación y reconocimiento.

En este sentido, afirma Zizek, la diferencia crucial está en las *modalidades de inclusión*: el socialismo de Hugo Chávez rechaza la modalidad liberal progresista[242] y toma las formas de organización social de los *excluidos* en los suburbios urbanos como la base sobre la que construir un espacio político nuevo; en ese modelo alternativo yace, como adelantábamos en el primer capítulo, la diferencia entre los términos marxistas –tan difíciles de recuperar hasta ahora– de "democracia burguesa" y "dictadura del proletariado".[243]

Este proceso de *cambio de base* es el que en última instancia se convierte en objetivo de la *lucha de clases* en la práctica política comunista. Si en el conjunto de luchas antagónicas que definían la oposición al capitalismo moderno (la anti-patriarcal, la anti-racista, la anti-heteropatriarcal y la anti-fundamentalista) el objetivo es el de traducir el *antagonismo* en *diferencia* (como coexistencia en la diferencia), la última en el listado, la *lucha de*

---

241. *The year of dreaming dangerously*, pp. 8-12
242. *Primero como tragedia, después como farsa*, p. 119
243. *Ibíd.*

clases, tiene por fin último el de profundizarlas transformando la *diferencia de clase* en antagonismo abierto.

Este es el sentido de la "*diferencia mínima*" que genera el antagonismo: al reducir la compleja estructura global a su diferencia mínima antagónica, se muestra cómo la serie de binomios anteriores vela un espacio singular en el que el antagonismo de clase sí depende de una tensión que atenta contra la propia existencia de uno de los dos polos antagónicos: a diferencia de las luchas anti-racistas o anti-sexistas, a las que guía la demanda de pleno reconocimiento del otro, "la lucha de clases apunta a la aniquilación de la *función* y *papel sociopolítico* del otro".[244] Como veremos más adelante, en esta distinción radica la diferencia fundamental entre las diversas tradiciones emancipatorias y el fascismo y fundamentalismo: mientras para las primeras el reconocimiento e integración de todas las diferencias depende de la profundización y radicalización del antagonismo esencial de clase, en el fascismo o fundamentalismo *el antagonismo de clase se intenta reconvertir en mera diferencia*, a la vez que todas o algunas de las diferencias se convierten en antagonismo central: es obvio (aunque quizás problemático de explicar, *víd.* nota 244) que no es en absoluto lo mismo hablar de "aniquilación de una función sociopolítica" que de "aniquilación de una orientación sexual o etnia"; entre ambas hay una similitud sólo parafrástica, pues indican cosas muy distintas: no será necesario explicar que una apunta a la anulación de unos constructos sociales en los que los sujetos se colocan sólo parcialmente, mientras que la otra se está refiriendo a la "anulación" de categorías indisociables de la *identidad de seres humanos muy concretos*...

De este modo, el antagonismo se muestra como inherente al campo social; es el vacío constitutivo que, pese a la fantasía que pervive en los diversos relatos sociológicos o políticos, determina que lo social no pueda ser *aprehendido* en su totalidad; hace

244. *The Parallax View* (edición americana de *Visión de paralaje*, MIT Press, 2006), p. 362. Como ocurre a menudo, la versión castellana -o de cualquier otro idioma- no coincide en la distribución de capítulos, ni muchas veces en el mismo contenido, con la original. Es posible que Zizek sugiriera este cambio para unos pasajes complejos de defender incluso en 2006.

de él, en términos de Lacan, algo que es *no-todo*. El núcleo de imposibilidad que evita la conformación de esa *totalidad* es el antagonismo, y la negación de esta *imposibilidad*, como veremos, produce los desplazamientos típicos de cada ideología.

La tarea de la crítica de la ideología, para Zizek, es la de designar aquellos elementos dentro del orden social que veladamente indican su carácter antagónico y producir ese *extrañamiento*, esa distancia, que nos arranque de la auto-evidencia en la que el sistema social establece su identidad. Hay que recordar además que estos puntos clave, estos detalles sintomáticos, no son *excepciones* que se opongan a la universalidad del conjunto de nociones con las que el sistema se define, sino que ellos mismos *son el Universal*; invocan el Universal como movimiento incesante de *dar cuenta* de aquello que lo hace posible: en otras palabras, el antagonismo es inherente a la universalidad misma, que "está partida en dos, entre la 'falsa' universalidad concreta que *legitima* la división existente de la Totalidad en sus partes funcionales, y la demanda imposible/Real de universalidad abstracta".[245]

El enfoque materialista, como hemos visto ya, no consiste en la búsqueda de una causa ulterior de los hechos sociales, en el sentido en que se suelen vincular directamente determinados fenómenos, que podríamos atribuir a la "superestructura", a una causa socio-económica más profunda. Por el contrario, Zizek afirma de manera repetida en todos sus textos que *la verdad está en la apariencia*, y en consonancia con el *dictum* lacaniano, no hay un 'gran Otro' detrás de la pantalla. Aquí Freud y Marx compartirían esta misma noción de marca o signo como *excepción y a la vez elemento constitutivo*; Zizek lo llama "elemento sintomático de doble faz"; un elemento que por un lado no es sino un accidente, un punto que sólo describe marginalmente una situación, y por el otro *se sitúa como la verdad* de esa misma situación. En este sentido, el momento de verdad de un análisis materialista-histórico no yace en su capacidad para reducir fenómenos ideológicos o políticos a sus fundamentos económicos reales, sino, en sentido inverso, mostrar como estos intereses materiales

245. *The universal exception*, p. 178

se articulan precisamente en tal forma superestructural. Marx (*junto a* Lacan) comparte con Freud, por lo tanto, la noción de "síntoma"; para ambos lo que conduce al núcleo de verdad de un sistema (sociedad o psique) pasa por aquello que "necesariamente aparece como una distorsión patológica, marginal y accidental del sistema". Como en el caso mencionado antes, no se puede buscar detrás del velo, porque no hay nada; y si (el inconsciente, el antagonismo de clase estructural) parece entonces invisible, es porque es la propia distorsión (o pliegue) del velo mismo. Respecto al psicoanálisis, "el inconsciente freudiano es 'invisible' de modo exactamente homólogo".[246]

Fetichismo

Hay dos argumentos con los que, en *With defenders like these...*, Zizek polemiza para defender su lectura del fetichismo de la mercancía: 1) Toda totalidad es el resultado de una lucha contingente por la hegemonía; no hay un papel primario asignado necesariamente a ningún agente (político); por ello no puede haber un antagonismo central, ni finalmente ninguna lucha preeminente que se refleje en otras de manera distorsionada. No la puede haber porque la distorsión es original y constitutiva del campo de las luchas por la hegemonía. 2) El fetichismo en Marx depende de la oposición entre la expresión directa de una idea, y su representación metafórica distorsionada (las relaciones entre personas son vividas y expresadas como relaciones entre objetos).

En el fetichismo, según los dos puntos anteriores, los individuos expresan su esencia social de una manera espuria, mistificada, como relaciones entre cosas. Cuando Marx o el joven Lukács afirman la universalidad del proletariado como clase, lo harían bajo el mismo principio: mientras las otras clases representan la universalidad de manera distorsionada, el proletariado es en esencia la clase universal. De los dos puntos anteriores se

246. *An answer to two questions*, p. 185,

infiere que el problema con la concepción marxista sería que no hay tal clase, conciencia o sujeto político universales, puesto que cada universalidad puede sostenerse bajo la particularidad de cada sujeto que la encarna.[247]

La crítica al fetichismo de la mercancía en cuanto oposición entre expresión directa de un elemento y su representación distorsionada, sólo se sostendría, afirma Zizek, si se entiendera la noción de fetiche como una ilusión que vela el auténtico estado de cosas, en vez de concebirlo como *la inversión del sujeto en ese elemento que le permite mantener, pese al coste que le supone, la percepción de un estado de cosas insoportable.* En este punto volvemos a Marx, para el que, en el capítulo primero de *El Capital* la mercancía aparece (sólo) *en primera instancia* como algo extraño y sutilmente complejo; para Marx el análisis crítico no debe demostrar el modo en que lo que parece una misteriosa entidad teológica, surge en realidad de los procesos de la vida cotidiana, sino, al contrario, debe desenterrar "sutilezas metafísicas y matices teológicos" en lo que aparece en primera instancia como un mero objeto cotidiano: "la crítica de un marxista hacia un sujeto burgués inmerso en el fetichismo de la mercancía no es '*La mercancía puede parecerte un objeto mágico con poderes especiales, pero en realidad es simplemente una expresión reificada de relaciones entre personas*' sino que, aunque la mercancía parezca una simple encarnación de ciertas relaciones sociales '*esto no es cómo las cosas te parecen en tu realidad social: a través de tu participación en el intercambio social das muestra del perturbador hecho de que para tí la mercancía efectivamente es un objeto mágico con poderes especiales*'".[248] El fetichismo no opera por tanto como una mistificación o distorsión, sino que la ilusión misma se transfiere en él; es decir, en el fetiche se desplaza y concentra toda creencia que debería entrar en conflicto con el conocimiento de la realidad (social), *encarnando* el elemento o procesos que, de presentarse de manera directa, evidenciarían su incompatibilidad con ella.

247. *With defenders like these...* p. 238
248. *Ibíd.*, p. 239

Capital y Edipo (sobre Deleuze)

A partir de su libro sobre Deleuze, *Órganos sin cuerpo*, Zizek ha recibido críticas por su lectura del *Anti-Edipo*. A estas ha respondido recientemente, especialmente en lo referente a la presencia de Lacan en el libro de Deleuze y Guattari. Zizek defiende que sí hay una oposición a Lacan en el *Anti-Edipo*; en obras anteriores como *Diferencia y repetición* o *Lógica del sentido*, se encuentra una aproximación al psicoanálisis que es esencialmente diferente; en *Lógica del sentido*, argumenta Zizek, Edipo se entiende como el agente principal de desterritorialización, en oposición al enfoque que se le da en *Anti-Edipo*. Además, en *Diferencia y repetición* sí se proporciona una descripción precisa de la pulsión de muerte freudiana, así como de la pulsión de repetición. En este cambio de perspectiva de los dos primeros libros al último basa Zizek su argumentación en *Órganos sin cuerpo*: este cambio habría producido un desplazamiento político clave en el mismo Deleuze. El anti-Edipo implica un "anti-capitalismo salvaje y anárquico" que no deja espacio para transformación social concreta alguna: cualquier intento se percibe como asimilable por el propio capitalismo.

Como recuerda el propio Zizek en otro texto,[249] muchas de sus críticas podrían estar dirigidas antes al "deleuzismo" que al propio Deleuze, aunque en última instancia, y como ha recordado numerosas veces al respecto de Marx, prefiere optar por "no jugar al juego *de las cosas son mucho más complejas en...*" y buscar el origen de estas críticas en el propio Deleuze (o Marx).

No profundizaremos aquí en la lectura de Deleuze que se realiza en ese libro, pero sí señalaremos algunos argumentos de Zizek al respecto de la tríada Deleuze-Marx-Hegel: para el *Anti-Edipo*, uno de los ejemplos más importantes de "*pseudo-causa*" es el capital mismo; en la circulación del dinero como capital, bajo la forma D-M-D se describe el proceso mediante el cual el capitalista, con el dinero inicial, invierte en mercancías como *fuerza*

249. *La revolución blanda*, pp.17-18

de trabajo, materiales diversos, tecnología productiva, etc, y con estas produce mercancías con un valor añadido que vende para conseguir de nuevo dinero.[250]

Por lo tanto, en este momento de la circulación, el capital existe bajo la forma de dinero o de mercancías. Sin embargo, el valor es el *sujeto de un proceso* en el que, asumiendo ambas formas, cambia su magnitud y genera plus-valor. Esta generación de plus-valor, de acuerdo con Marx, parece obra del propio capital a partir de su propio movimiento; es por tanto *auto-valorización.* No obstante, el valor que se auto-valoriza necesita de una forma independiente por medio de la cual su identidad consigo mismo pueda afirmarse: esta forma es el dinero, que es así comienzo y conclusión de todo proceso de valorización. Este, aparte de representar simplemente la relación entre mercancías, "entra en una relación privada consigo mismo" y se diferencia de sí mismo como plus-valor.

Aquí Zizek llama la atención sobre el doble aspecto que adquiere el texto de *El Capital,* simultáneamente parodiando a Hegel, a la vez que se sirve de su estructura argumentativa y teórica y señala la vinculación entre la dialéctica idealista y la circulación del capital: el plus-valor, "del mismo modo que Dios-Padre se diferencia de sí mismo como Dios-Hijo aunque ambos sean una sola persona", se *diferenciaría* de sí mismo como plus-valor, puesto que solamente a través del plus-valor de 10£ pueden las 100£ originarias convertirse en capital, y tan pronto como esto ocurre la diferencia entre "hijo" y "padre" se desvanece de nuevo y ambos se convierten en uno: 110£. El dinero como substancia se ha convertido en dinero como sujeto, y la "abstracta universalidad" del dinero se convierte en universalidad concreta de un movimiento de auto-mediación y auto-engendramiento.

Es así, continúa Zizek,[251] como la circulación auto-propulsada de capital alcanza el nivel de "infinitud auténtica" hegeliana: toda relación con la otredad externa se ve subsumida bajo una

---

250. *An answer to two questions,* p. 206
251. op cit., p. 207

"relación privada consigo misma". La inversión materialista de Marx consistiría, sin embargo, en la ruptura de este círculo infinito de auto-mediación, y la introducción de una "Otredad radical", no engendrable por el capital mismo, y que es el origen primario del beneficio: la *fuerza de trabajo* y su explotación por parte del capital.

En este sentido, el capital es una "pseudo-causa" según el vocabulario deleuziano: parece engendrarse a sí mismo; se muestra como una totalidad auto-creada, y esta apariencia *oculta su causa ausente*: el trabajo que produce plus-valor. Deleuze defenderá a los empiristas precisamente por haber subrayado esta "causalidad externa" por medio de la cual las cosas se definen internamente mediante la relación exterior con otras cosas. Frente a estos, la tradición idealista alemana habría enfatizado la causalidad interna; el desarrollo de las cosas como *despliegue de sus potenciales internos*.

Al igual que ocurre respecto a la circulación del capital, Zizek señala que la noción de *pseudo-causa* describe también la función de la economía dentro de la teoría marxista. Para el Deleuze de *Diferencia y repetición*, la economía ejercería un papel de "determinación en última instancia de la estructura social": la economía nunca está presente como agente causal efectivo; su presencia es puramente virtual, y representa una "virtualidad diferencial" que debe ser siempre extraída, interpretada bajo todas sus formas de actualización: "es la X ausente que circula entre las múltiples series en las que se despliega el campo social (económica, ideológica, legal), distribuyéndolas en su articulación específica".

Esta es la dimensión de esa "determinación en última instancia" para Zizek: esta supone la diferencia radical entre lo económico como "esta X virtual *qua* punto absoluto de referencia del campo social, y lo económico en su ser efectivo, como uno de los elementos o subsistemas de la totalidad social efectiva".[252] Ahora bien, para evitar la tentación economicista, hay que añadir que "en un bucle interno", la lucha de clases es finalmente *lo Político*

252. *With defenders like these...*, p. 245

situado en el mismo corazón de lo económico: es el "núcleo éxtimo", el fundamento externo e interno a la vez del ámbito económico, ámbito que es, necesariamente, *no-todo* (ver nota 237)

Sobre Althusser y consecuencias

Ya señalamos antes la importancia de Althusser para el grupo de intelectuales eslovenos reunidos alrededor de la colección editorial *Wo es War*, entre los cuáles se encontraba Zizek. Para ellos una de las cosas más atractivas de Althusser era su tratamiento de la subjetividad, pese a su conocida crítica del "humanismo". Para Althusser no hay ideología si no es *para los sujetos*, y generada a su vez por sujetos concretos: la categoría de sujeto resulta para Althusser una categoría constitutiva de todo el propio edificio ideológico.

La ideología transforma a los individuos en sujetos por medio de la *operación de interpelación*; Althusser mismo cita ejemplos cotidianos que muestran cómo aquellos que parecen meros rituales de reconocimiento intersubjetivo son a su vez representativos de esta *interpelación* constituyente. El valor de Althusser yace precisamente en señalar cómo la ideología se produce y reproduce en los momentos cotidianos aparentemente más alejados de la vida política. En cierto sentido, estos gestos y momentos de *interpelación* se acumulan e intensifican en los rituales reproducidos en empresas, escuelas, universidades, y cuerpos de seguridad: todos estos constituyen los "aparatos ideológicos de Estado" y son una modalidad más de la ideología como elemento material. Zizek considera a esta como una auténtica "noción materialista de la ideología", y a la hora de definir la reproducción institucional de la ideología, amplía el lema pascaliano afirmando: "arrodíllate y creerás que te has arrodillado a causa de tu fe" (o creencia ideológica).

Sin embargo, es erróneo pensar que para que una posición política obtenga apoyo ciudadano, necesita controlar las mentes de los sujetos; cualquier ideología política exitosa siempre permite a los sujetos desear y mantener una distancia respecto a sus ideales y normas: es lo que Zizek denomina "des-identificación ideológica". Dentro de estos "ideales y normas" hay una serie de términos cuya relevancia política es clave, y en consonancia con el marco lacaniano de análisis, Zizek los denomina "significantes-amo". Sin embargo, no es posible atribuirles ningún contenido positivo determinado, ni por supuesto ninguna de las "cosas" denotadas a través de ellos ("Dios", "la Nación", "el Pueblo", "el Judío" quintaesencial del antisemitismo y "el negro criminal y saqueador" de Bush en los días post-Katrina).[253]

Otra convergencia entre Althusser y Zizek está en la noción de *Otro político*; Althusser se refería a un "Sujeto" de la ideología, del que emanan las *interpelaciones* que constituyen *sujetos* a partir de *individuos*: al nombrar Dios a Pedro en el pasaje bíblico, no sólo lo interpela como miembro de la comunidad cristiana, sino que al hacerlo se reafirma a sí mismo como Orígen de la llamada. *Llamada* que se perpetúa en el tiempo y sostiene mediante su presencia continua la *consistencia de la identificación* entre el nombre y el individuo Pedro: en cierto modo, la continuidad del nombre garantiza también la continuidad de aquella instancia que sostiene y apoya el acto de interpelación.

Más allá de Althusser

Como hemos visto, en *Ideología y aparatos ideológicos de Estado* la ideología opera a través de las prácticas "rituales" en las que participan los sujetos, *en la medida en que esas mismas prácticas* los constituyen como tales. Sin embargo esta interpelación ideológica no se vehicula a través de los afectos de los sujetos, y es ahí donde Zizek, junto con Judith Butler, disiente de Althusser; en la adscripción de los sujetos a determinado orden político se pone en juego un sentimiento de culpa[254] que se inscribe en la estructura del proceso de *interpelación ideológica* de los sujetos

253. *Sobre la violencia*, pp. 121-126
254. Sharpe M., *Slavoj Zizek: A little piece of the real*, p. 101

modernos. Este sentimiento de culpa es específico de nuestras sociedades modernas, en las que, al no haber ya ningúna instancia universalmente superior ante la cual pueda establecerse culpabilidad alguna, sobre los sujetos pesa una culpabilidad doble.[255]

Este aspecto es crucial para entender la teoría del poder de Zizek: el superyo se ha convertido en el espacio psíquico predominante en el que opera la ideología. La modernidad es la época en la que el orden simbólico ya no es capaz de retener al sujeto dentro de su mandato simbólico: de hecho, la ideología, lejos ya de proporcionar una identificación simbólica a los sujetos, más bien construye un espacio de "falsa des-identificación, de falsa distancia hacia las coordenadas reales de la existencia social de los sujetos".[256]

Del mismo modo que en Hegel (según la lectura de Butler) la condición del *esclavo* depende de su convicción en que su cuerpo no está sirviendo *como cuerpo del amo*, y es por tanto independiente de él, la ideología es una agencia que potencia el autodistanciamiento de los sujetos respecto a las propias ilusiones simbólicas que proporciona el relato ideológico capitalista: si para Althusser la ideología distorsiona la relación de los sujetos con la realidad social, distanciándolos de su posición socioeconómica (trabajadores, proletarios) hacia otras instancias de identificación simbólica (patriotas, buenos ciudadanos, etc.), para Zizek la ideología no sólo vincula la realidad social de los sujetos a un espacio de identificación simbólica desplazado, sino que también potencia la "desidentificación" entre este último (*Ideal del yo*, en términos psicoanalíticos) y la instancia de *culpabilidad/goce* del sujeto (*Superyo*). En otras palabras, la ideología no solamente reestructura el *Ideal del yo* de los sujetos, sino que también da forma a su acceso al *goce*.

Hay numerosos pasajes en Zizek que parecerían apoyar ciertos matices "ahistóricos" en la estructura de la interpelación ideológica: el principal sería la continuidad en el tiempo del

255. *Enjoy Your Symptom! Jacques Lacan in Hollywood*, p. 167
256. *Ibíd.*, p. 134 y *Contingencia, hegemonía, universalidad*, p. 111 (aunque es en la edición inglesa donde se lee "falsa des-identificación", p. 103).

punto señalado por la frase *ideal-tipo* "no todo es ideología, bajo la máscara ideológica, soy también un ser humano". Esta sería la *forma propia de la ideología*, anclada siempre en un núcleo que es, precisamente "transideológico"; un punto irreductible a la lógica política que, sin embargo, garantiza la eficiencia de todo edificio ideológico.[257]

Retomando cuestiones que se han tratado antes respecto a *Laibach*, Zizek ve la traducción política de este análisis de la ideología no como el binomio entre identificación y subversión, sino entre dos modos de desidentificación: el funcionamiento estándar ideológico, que opera a través del distanciamiento de los sujetos y –a la manera del *soldado Schwejk* o el grupo *Laibach*– la *sobre-identificación*: una operación mediante la cual "el edificio ideológico puede verse subvertido por una identificación demasiado literal".[258] Por esto es necesario incidir en que el "fracaso" de cualquier ideología hegemónica a la hora de implicar plenamente a los sujetos dentro de sus parámetros simbólicos no es un mero accidente: el "fracaso" es necesario para la interpelación. Este *fracaso necesario* no se debe a ninguna libertad "natural" o "pre-ideológica" de los sujetos, sino que indica la finitud del *gran Otro ideológico*: la hegemonía ideológica es siempre incompleta, *no-toda*. En otras palabras: el agente de interpelación, ese Otro que sostiene al sujeto, *no existe*.

257. *El acoso de las fantasías*, pp. 78-79
258. *Ibíd*. p. 81

IDEOLOGÍA

*...muy al contrario, la realidad ya
está distorsionada de por sí.*[259]

Ideología: mapas de la cuestión

El proyecto de filosofía política de Zizek se situaba, ya desde los años noventa, en oposición abierta a la idea de que el mundo vivía por primera vez en una época post-ideológica y post-política. De hecho, uno de sus argumentos centrales identificaba precisamente en esta actitud la forma ideológica propia del capitalismo tardío y lo hacía recordando por encima de todo que la ideología no es tanto un sistema de creencias, un catálogo de contenidos positivos que reproducen erróneamente la realidad material, como aquello que *los sujetos efectivamente hacen* en relación a sus creencias y la creencia *del Otro*.

Los individuos están siempre *divididos*, según la intuición psicoanalítica habitual, entre consciencia y subconsciente: Zizek da un paso más y se apoya para su análisis político en que también están divididos entre sus creencias políticas conscientes y el conjunto de creencias que de una manera no directamente consciente les liga a la autoridad del régimen político dominante y a los principios que lo sostienen: de nuevo hay que recalcar que, si bien pueden *no saber qué les vincula al consenso político*, las *creencias* que sostienen o comparten indirectamente, sí tienen una eficacia práctica.

Sería imprudente dar el siguiente paso retórico afirmando inmediatamente que la dilucidación de esa "eficacia política" y el

259. David Becerra Mayor, *La literatura de la no-ideología*

vínculo entre esta y el "intercambio" de creencias entre los suje-tos constituye la tarea fundamental de la crítica de la ideología. Para Zizek, como para otros tantos teóricos, la categoría misma de "Ideología" plantea una larga serie de problemas.

El uso, más tardío en la historia de la crítica de la ideología, que emplea el término *Ideología* para describir lo que Zizek llama ideología "en-sí y para-sí", implica una expansión del campo de *lo ideológico* hasta los detalles más específicos de la vida cotidiana; esta ampliación finalmente hace "a la realidad indistinguible de la ideología"[260] y otorga al análisis pocas venta-jas aparte de la vaga "sensación de ser subversivo".

Desde luego, no ayuda demasiado el hecho de que el térmi-no, pese a sus numerosos cambios de enfoque, haya conservado su connotación epistémica: independientemente de los nuevos usos y transformaciones por las que ha pasado (pensemos en Sartre, Foucault, Althusser, Bordieu o Van Dijk), sigue conser-vando ese sentido primigenio de "falsa representación de la rea-lidad". Esta no es poca complicación para el crítico de la ideo-logía, que siempre se ve en situación de afrontar (o sortear) el problema del "espacio no-ideológico" desde el que se enuncia la teoría, o en caso contrario (a contrapelo del ámbito de lo que Zizek denomina "post-estructuralismo") defender el estatus del concepto mismo de ideología, redundante en un mundo donde la Verdad ha amanecido y la multiplicidad de relatos o discursos oculta ya para siempre toda posibilidad de acceso a lo que pre-cede a la simbolización social y política.

Una primera aproximación a lo ideológico

Hemos mencionado de paso una expresión "hegeliana" con la que Zizek intenta comenzar a abrirse paso en esta problemá-tica: "*ideología en-sí y para-sí*". La "ideología en-sí" proviene de la *Ideología alemana* y sería en este caso un discurso que gene-

---

260. *The Spectre of Ideology*, publicado en castellano en la antología "Ideología, un mapa de la cuestión" [víd. bibliografía].

ra "falsa conciencia": distorsiona la percepción de los sujetos acerca de la estructura social en la que se hayan inmersos, hechos políticos relevantes, o la misma existencia contingente del orden social y político establecido, haciéndolo ver como "natural" o "inevitable". Es un discurso (o distorsión de un marco *comunicacional* que sería *transparente* en condiciones ideales)[261] que es *funcional* a las aspiraciones políticas de las clases dominantes.

En segundo lugar estaría la ideología "para sí", esto es, la ideología que no es reproducida meramente en los discursos, sino que da forma a las prácticas institucionales de los individuos. Gramsci, y en mayor medida Althusser, indican cómo la reproducción social se lleva a cabo no solamente a través de los *aparatos represivos del Estado* (en la terminología althusseriana), sino también a través de los *aparatos ideológicos de Estado*, como las instituciones educativas, religiosas, políticas y jurídicas: su eficacia política se alcanza no solamente a través de la producción de discursos e imaginerías explícitas, sino principalmente a través de *prácticas y disciplinas ritualizadas*. El componente ritual tiene una relevancia especial, puesto que señala la conexión entre *lo interior y lo exterior* de las creencias más íntimas de los sujetos: la preferencia "pascaliana" de Zizek le lleva a recalcar cómo habitualmente la reproducción se realiza en la dirección opuesta a la esperable, de la *práctica externa* (rituales, instituciones, discursos) a la creencia íntima. Adelantamos ya que el gesto teórico ya comentado a lo largo del presente libro se repite una vez más: no es tanto una *introyección de creencias*, como un efecto de profundidad generado en la misma superficie exterior (un *efecto anamórfico* de los rituales, a través del cual estos generan algo *"más acá" de ellos*).

En último lugar, *la ideología en-sí y para-sí*: mientras que a los dos anteriores momentos siempre subyace una distinción entre *base económica* y *superestructura*, en este la diferencia se difumina. En el *fetichismo de la mercancía* se comprueba cómo las relaciones económicas mismas (la "base") generan su propia distor-

261. Zizek sitúa a Habermas dentro de esta primera caracterización.

sión ideológica: en el *fetichismo del dinero* Marx desvela un nivel en el que el ámbito *"para-sí"* de la ideología se inscribe en el propio ámbito exterior, el *"en-sí"* de la realidad extra-ideológica: es un efecto ideológico en la propia realidad, digamos que en cierto modo "no mediado" por la conciencia de los sujetos, en la medida en que se produce *en y por sus prácticas concretas*. Esta *"ideología en-sí y para-sí"* no sería:

> *"ni la ideología en tanto doctrina explícita (las convicciones articuladas sobre la naturaleza del hombre, la sociedad y el universo), ni la ideología en su existencia material (las instituciones, los rituales y las prácticas que le dan cuerpo), sino la elusiva red de actitudes y presupuestos implícitos, cuasi "espontáneos", que constituyen un momento irreductible de la reproducción de las prácticas "no ideológicas" (económicas, legales, políticas, sexuales...)"*.[262]

Volvemos al repetido *dictum* de Zizek: este nivel de la ideología es el del fetichismo, es decir, aquel en el que, pese a saber qué implica lo que hace, el sujeto *no obstante* lo continúa haciendo. No hace falta acudir a complejos casos morales; basta el ejemplo del supermercado: "en teoría, un capitalista se aferra al *nominalismo* utilitario, y sin embargo, en su propia práctica (de intercambio, etc.) sigue 'caprichos teológicos' y actúa como un idealista contemplativo...".[263]

Sin embargo, en cada uno de los tres niveles surgen problemas. En el nivel de la ideología "en sí" cuando Habermas postula un marco ideal comunicativo, plenamente transparente, como una idea reguladora enfrentada al discurso ideológico, la elevación de cierto tipo de discurso como *no-ideológico* en sí mismo podría estar dando pie a la operación ideológica elemental. Podría ser el caso que el discurso ideológico es aquel que se naturaliza a sí mismo. Zizek comenta la propuesta de Barthes, que defendía una noción de ideología como *naturalización del orden*

262. *Introducción* a "Ideología: un mapa de la cuestión".
263. *Ibíd.*

simbólico, esto es, como reificación de los procedimientos discursivos en propiedades de "la cosa misma". Zizek concede el sentido y fuerza de esta postura, que a lo largo de su obra etiqueta como *post-estructuralista*: es cierto que la ideología es siempre "ideología de la ideología", es decir, que nadie de los que se encuentran inmersos "en una ideología" creen estarlo: para el sujeto siempre son *los Otros* los que sostienen su posición ideológica. La ideología funcionaría precisamente convenciendo a los sujetos de que su modo de ver las cosas es el "natural" y obvio, un "ideal" contra el que las ideologías del Otro pueden ser desveladas como "falsas". Sin embargo, los hechos nunca "hablan por sí mismos", sino que una red de dispositivos discursivos *los hace hablar*.

Foucault es el crítico más reconocido del segundo tipo de ideología: para él el poder opera en las instituciones sin necesidad de remitirse a la autoridad centralizada del Estado. Se reproduce en micro-prácticas que *atraviesan* a los sujetos independientemente de lo que piensen: no sería necesaria la creencia en los clásicos significantes políticos para funcionar como un agente pasivo de la reproducción de las relaciones de poder modernas. El poder se constituiría "desde abajo", sin surgir de una única fuente: de hecho esta última surgiría como efecto secundario de la pluralidad de las micro-prácticas y sus interrelaciones.

En el nivel de la *ideología en-sí y para-sí*, muchos de los críticos actuales suscriben lo que Zizek llama la "tesis de la ideología predominante", esto es, que o la ideología ejerce un papel crucial pero restringido a determinados sectores sociales (para Weber, el calvinismo entre la clase burguesa en ascenso), o su papel en el conjunto de la reproducción social es marginal (como para Baudrillard, para el que la reproducción actúa al nivel de lo *sub-ideológico*, puesto que la disciplina política del sistema actúa más a través de la *falta de sentido* que por la administración de significantes y relatos).[264]

---

264. Sharpe, M., *Slavoj Zizek: A little piece of the real*, p. 30

Crítica de la ideología entendida como "falsa conciencia"

Resulta claro que para Zizek el modelo clásico debe superarse, pero también es cierto que uno de sus estandartes en los últimos quince años ha sido "*No vivimos en un mundo post-ideológico*": la de la "muerte de las ideologías" es de hecho la *fantasía ideológica* por antonomasia, y por cierto, ya desde los primeros años de andadura del propio concepto, pues ninguno de los antagonistas del marxismo habría admitido nunca que su "conciencia del mundo era falsa". En este sentido, las posiciones ideológicas son siempre *aquello que imputamos a los otros*: aquello que los sujetos *creen* es por definición no-ideológico y la visión del mundo que dicen compartir, *verdadera y justa*: todo discurso ideológico explícito es presentado por sus defensores como un relato *acerca de cosas demasiado importantes como para contaminarlas con la política*.

Un caso repetido por Zizek es el del "respeto" postmoderno y la "tolerancia" hacia toda formación ideológica. En él convive la concepción de que si "*conocemos algo, estamos fuera de la ideología*", junto a la crítica de todo "gran *relato*" con pretensiones de verdad, que es *de hecho* "el gran relato postmoderno... puesto que sabemos que nunca podemos conocer, nunca usaremos la palabra ideología de nuevo":[265] la paradójica conclusión es que, al no poder volver a creer seriamente en nada, los ciudadanos son incapaces de salir de la maraña ideológica, y por tanto deben ser por fuerza *tolerantes*. Para Zizek es precisamente este discurso el que lleva (y ha llevado) a consecuencias xenófobas y reaccionarias. Para mostrar esto analiza con detalle un tipo específico de ilusión ideológica, la ilusión que presupone como condición el conocimiento, y su ataque se dirige hacia la premisa postmoderna clave; aquella que asume que *debe conocerse la verdad* para poder definir la posición contraria como ideológica. La clave está, empero, en que el *otro ideológico* puede conocer la verdad, y no obstante permanecer en el terreno de la ideología.

265. Pfaller, R. "Where is Your Hamster? ..., en *Traversing the fantasy*, pp. 104-121.

La ideología, por tanto, no es un puro discurso, una torsión deliberada de nuestras representaciones de la realidad: la ideología se nutre de la existencia puramente material y externa, la "exterioridad material de los comportamientos";[266] y más allá de su carácter epistemológico, lo que en realidad la define es su *eficiencia social*, el hecho de que en regímenes como el del "socialismo real" no era un conjunto de creencias falsas lo que mantenía la adhesión de los ciudadanos al sistema, sino *la proyección de las creencias en el otro*.

La ideología, señala Zizek, nunca es verdadera respecto a su objeto aparente, pero es, por otro lado, siempre *verdadera respecto a su auténtico objeto*. Esta es la razón por la que una proposición ideológica nunca debe ser desestimada como un simple error, sino que debe ser observada como una indicación indirecta de la verdad. A este respetuoso método de tratar con la ideología, Althusser lo llamó "materialismo de lo imaginario".[267] Llegados a este punto, podemos ver cómo opera esta extraña dialéctica, que invierte el supuesto "respeto" postmoderno hacia el otro, en su completa ausencia. El "idealismo del imaginario", al negar todo fundamento material de la adscripción ideológica, niega por tanto el anclaje mismo del otro en su realidad material.

La creencia política, como ya hemos adelantado anteriormente, se sustenta, según Zizek, en la estructura de la *transferencia* en psicoanálisis. La creencia o "suposición" del analizante en la relación clínica es que el Otro (su analista) conoce el significado de sus síntomas. Obviamente esta es una creencia en rigor falsa, pero a lo largo de la terapia este "obstáculo" epistemológico se convierte en la puerta de entrada al auténtico trabajo de análisis, que según avanza el proceso, va "confirmando" retroactivamente esa primera "suposición" del analizante, en la medida en que los síntomas van siendo desenredados y expuestos. Zizek argumenta que esta extraña lógica intersubjetiva de la creencia caracteriza también las creencias políticas de los sujetos políticos. Si los sujetos no conocen el significado exacto de los "signi-

---

266. Malinverno, N. *op. cit.*, p. 18
267. Pfaller, R., *op. cit.*

ficantes amo" con los que se identifican políticamente, es porque su creencia política está mediada por sus identificaciones con los otros. Aunque cada uno de ellos "no sabe lo que hace", el nivel más profundo de su creencia se mantiene a través de la creencia de que *en todo caso hay Otros que sí saben*; hay una "fractura fetichista en el mismo corazón de una ideología efectivamente funcional: los individuos transfieren su creencia en el gran Otro (encarnado en lo colectivo), que a su vez cree en su lugar; los individuos de este modo mantienen su cordura como individuos, manteniendo su distancia respecto al *gran Otro* en el discurso oficial";[268] por lo tanto, esta creencia es posible por medio de su imputación "a otros, con la condición de que estos sean percibidos por el sujeto de una manera mínimamente *reificada*",[269] esto es, como un colectivo anónimo: *el sistema*, "ellos", o los impersonales (*à la Heidegger*) como '*se*' ("esto *se* debe hacer así"), o *uno* ("*Uno* hace lo que se le ordena", etc.).

Dentro de este marco teórico, y con las nociones que hemos ido examinando hasta ahora, Zizek extrae algunas consideraciones políticas que merece la pena destacar. En primer lugar, la función política de los gobernantes sería la de ocupar el puesto del "sujeto supuesto saber"; en la medida en que el poder político es primordialmente *simbólico*, los papeles, máscaras o funciones que asumen las autoridades públicas es más importante que las características "auténticas" que poseen como individuos: la fuerza performativa de sus discursos se basa precisamente en el lugar que ocupan en el sistema político, y por consiguiente en la relación de los sujetos con su creencia en el *gran Otro simbólico*: "las personas creen a través del *gran Otro*, o el *gran Otro* cree por ellas". Por esto es por lo que Zizek sostiene que el recurso a *lo Real de la violencia* es una señal de debilidad de todo gobernante o régimen político.

Ninguna idea, por lo tanto, puede tener efectividad política a menos que dé forma a las instituciones y vidas cotidianas de los sujetos; estas últimas sostienen, de manera precaria, la "Cosa

268. *Repetir Lenin*, p. 118
269. Sharpe, M., *Slavoj Zizek: A little piece of the real*, p. 48

sublime" en la que todo relato ideológico se apoya para mantener cohesionada la comunidad política. Tal y como argumenta Zizek en *Tarrying with the negative*, del mismo modo que en Kant las proposiciones acerca de la belleza expresan, más que un juicio empírico, el sentido reflexivo de *comunidad* con otros sujetos capaces de verse *afectados* por el objeto, las proposiciones ideológicas "dicen" tanto acerca de la relación experiencial del sujeto respecto a la realidad política como acerca de la realidad misma.

Zizek sostiene que las afirmaciones ideológicas son un tipo especial de *enunciado performativo* adicional, al margen del resto de enunciados incluidos en la conocida *Teoría de actos de habla*. Al expresarse enunciados de este tipo, como "El Rey trabaja por el país", se está simultáneamente afirmando un hecho (otorgándole una *veracidad*) y expresando la adhesión a un régimen político. Sin embargo, ningún régimen político puede sobrevivir si no alude a la existencia de una "Verdad" más profunda acerca de cómo es el mundo: las ideologías se presentan siempre ancladas en la existencia de verdades más profundas, *extra-políticas*. De este modo, aunque los juicios ideológicos sean *enunciados performativos* que para cumplir su función *deben parecer descripciones objetivas del mundo tal y como es*, no basta con la mera inversión de sus términos.

Consideremos un aspecto de estos enunciados. En ellos, recuerda Zizek, se pone en juego el *fetichismo* descrito por Marx (y Alfred Sohn-Rethel): las relaciones efectivas entre sujetos se truecan en propiedades del objeto mismo, esto es, "ser Rey es un efecto de la red de relaciones sociales entre un 'rey' y sus 'súbditos', pero –y aquí está el falso reconocimiento fetichista– a los participantes de este vínculo social la relación se les presenta necesariamente en forma invertida: ellos creen que son súbditos [...] porque el rey es ya en sí, y fuera de la relación con sus súbditos, un Rey; como si la determinación 'ser un rey' fuera una propiedad 'natural' de la persona del rey".[270] No obstante, el desmontaje de la eficiencia performativa de estos enunciados no

270. *El sublime objeto de la ideología*, p. 51

puede limitarse al nivel "puramente discursivo". Dicho con otras palabras, los súbditos *saben muy bien lo que hacen* (adjudicar un valor intrínseco al dinero, tratar a una persona de entre millones como *su Rey*), *pero pese a todo, siguen haciéndolo*.

Este descubrimiento crucial de Zizek surge de la conexión de la teoría de Marx del fetichismo de la mercancía (un caso en el que la ilusión no yace en la conciencia de los agentes sino en sus acciones) con la teoría psicoanalítica del fetichismo. Para la teoría psicoanalítica, la contribución más importante a esta cuestión vino del autor Octave Mannoni en su ensayo *Je sais bien, mais quand même...*, publicado por primera vez en 1964. Como comenta Pfaller, es un mérito de Zizek el haber sabido reconocer el valor de la teoría de Mannoni para una teoría de la ideología, al igual que hizo con muchas consideraciones de Lacan.[271] El análisis de Mannoni se refiere al hecho de que la gente mantiene una relación especialmente estrecha con ciertas ilusiones que sin embargo nunca reconocen como tales, reproduciendo un funcionamiento del *imaginario*, que Freud había incluido dentro del concepto de *denegación* (*Verleugnung*), y que aparece a menudo en enunciados sintomáticos, del tipo "sé muy bien que esto es infantil, pero me gusta".

Este tipo de posición disociada no solamente se encuentra en los contextos clínicos de perversión fetichista o neurosis obsesiva. También es un fenómeno amplio, que aparece, según Mannoni, en gran cantidad de prácticas sociales, como ocurre en el caso de los horóscopos. Mannoni diferencia estas "*ilusiones suspendidas*", que llama "creencias", para distinguirlas de la "fe", la convicción que no permite tal distancia. Sin embargo, destaca que algunas de estas creencias, como las ilusiones "infantiles", en realidad nunca habrían sido creídas "seriamente", es decir; nunca tuvieron una forma diferente de la forma "suspendida" en las que uno las encuentra entre adultos. La denegación, como consecuencia, no es necesariamente un proceso histórico; también puede ser estructural.[272]

271. Pfaller, R., *op. cit.*
272. *Ibíd.*

Como señala Pfaller, ya Spinoza había afirmado que *el cono-cimiento no puede reprimir ningún afecto sólo en la medida en que ese conocimiento es verdadero*, sino en cuanto es considerado él mismo como un afecto (Ética según el orden geométrico, parte IV, Proposición XIV); y es que lo "Real" de la imaginación perte-nece a una esfera completamente diferente: "el afecto no posee nada positivo que pueda ser suprimido por la presencia de lo verdadero".[273]

En este sentido, Zizek no es ajeno a la idea de *discontinuidad* entre ciencia e ideología manejada por Althusser, otro modo de evitar la trampa postmoderna de "creerse más allá de la ideo-logía". Esta noción tiene una manera específica de atribución respecto al campo social; no equivale a una secuencia histórica de formaciones socioepistémicas, sino que sugiere una coexis-tencia estructural entre *juegos de lenguaje* con funciones diferen-tes.[274] A través de esta idea puede explicarse por qué según Zizek "el mismo gesto de colocarnos fuera de la ideología nos devuel-ve nuevamente a su interior". Puesto que la ideología es práctica en la mayor parte de los casos, puede coexistir con formaciones teóricas completamente diferentes. Por lo tanto, podemos situar-nos teóricamente fuera de la ideología, mientras en nuestra prác-tica cotidiana seguimos dentro de ella. Y en este punto, yendo más allá de Freud, Zizek habla aquí ya no de "ilusión", sino de "fantasía".

Para desentrañar esta cuestión, entrarán progresivamente en juego las nociones de *lo Real*, *goce*, y *gran Otro*. Este último es inmediatamente pertinente aquí porque es precisamente el *gran Otro* el que otorga significado a los *actos de habla*, garantizando, por ejemplo, la paradójica eficiencia simbólica de expresiones "fuera de lugar", esto es, *enunciadas* por alguien que no es el suje-to, y sin embargo, efectivas simbólicamente (las risas enlatadas, las expresiones que acompañan a estornudos o toses, etc.). El sujeto se ve privado de la autoría sobre sus propios enunciados performativos: el *gran Otro*, la institución simbólica, habla a

---

273. Sigo aquí la trad. de Vidal Peña, Editora Nacional, Madrid 1980.
274. Pfaller, R., *op. cit.*

través de él. Así, la característica principal del orden simbólico en cuanto *gran Otro* es que nunca es simplemente un instrumento o medio de comunicación, sino que más bien realiza el acto en su lugar.[275]

Lo Real y la fantasía ideológica

Una *fantasía* debe entenderse aquí como una ilusión en la acción, una ilusión que no es expresada directamente, ni pensada en silencio, sino simplemente *actuada*. Para Zizek esta ilusión es doble, y consiste en la ilusión que distorsiona y vela el acceso a *la ilusión que estructura nuestra relación real y efectiva con la realidad*: esta ilusión doblemente alejada del nivel consciente es lo que podría llamarse la *fantasía ideológica*. El nivel fundamental de la ideología, por lo tanto, no es el de una ilusión que enmascara el estado de cosas real, sino el de una fantasía ideológica que da forma a la misma realidad social material. Como nos indicaba antes la referencia a Spinoza, la *distancia cínica* es simplemente uno de tantos modos en los que quedamos ciegos ante el poder estructural de la fantasía ideológica, en la medida en que, incluso si no nos tomamos las cosas seriamente (intentando *suspender* la verdad del afecto), aunque mantengamos una distancia irónica, *seguimos haciéndolas*.

Este punto es bastante importante: Zizek señala claramente que estas ilusiones se encarnan completamente en las prácticas "rituales" en las que los sujetos participan, y por consiguiente su existencia es puramente "externa": las creencias tienen una eficiencia social *al margen* de las convicciones de los sujetos, porque las creencias están *también en sus actos*, bajo la forma de "creencias objetivas".[276] En cierta medida el esquema de la interpasividad se repite aquí: del mismo modo que los espectadores de televisión pueden "haber pasado una buena tarde" viendo un programa cómico *sin haber reído realmente* en ningún momen-

---

275. *El acoso de las fantasías*, pp. 131-134
276. Pfaller, R., *op. cit.*

to (el programa *reía por ellos*), los consumidores pueden estar contribuyendo a la explotación laboral pese a haber consumido café "de comercio justo" o considerarse ajenos a la publicidad de las empresas: su "creencia objetiva" al consumir sigue siendo la de que la *explotación debe continuar y la publicidad es importante para ellos*. En resumen, pese a las *creencias explícitas* de los ciudadanos y sus elecciones políticas conscientes, y por decirlo con una expresión anglosajona en boga, *estos votan siempre "con sus pies"*,[277] es decir: al realizar las actividades más cotidianas, como ir al supermercado. En palabras de David Harvey, la presencia espectral del trabajo humano *encarnado en las mercancías*"está siempre presente en [los] estantes [del supermercado]",[278] pero no reparamos en la presencia de esa infinidad de "fantasmas".

La noción de Zizek de *fantasía ideológica* es una adaptación política de una idea del psicoanálisis lacaniano, en concreto la lectura estructuralista de lo que Freud entendía por fantasía del inconsciente. Recapitulemos brevemente: la entrada en la civilización de los sujetos necesita del sacrificio primario (o castración) de su goce, sacrificio realizado en nombre de *la Ley*. Los sujetos, en la medida en que están civilizados, se ven separados del objeto primario de su deseo y forzados a perseguir esta *Cosa especial* y perdida, el *objeto a*, ateniéndose a las convenciones y reglas (implícitas y explícitas) dadas en la sociedad. Las *fantasías fundamentales* de los sujetos son estructuras inconscientes que les permiten aceptar la pérdida traumática inicial. Giran alrededor de un relato acerca del objeto perdido, que especifica de un modo más o menos mítico cómo se perdió. En especial, la *fantasía fundamental* de un sujeto resignifica esa represión inicial del *goce* por medio de la Ley y lo convierte en un sujeto hablante *como si fuera* algo contingente, *susceptible de ser opcional*. En la fantasía, lo que es un acontecimiento constitutivo del sujeto se narra de nuevo como la acción histórica de algún individuo

277. Oake, Jo(h?)n, " 'I Want To Believe the Beautiful Lies': Economic Rationalism and the Cynical Subject", citado en Sharpe, M., *Slavoj Zizek: A little piece of the real*. Me remito a la cita de Sharpe, aunque queda poco clara la existencia del autor del artículo citado.

278. Harvey, D., *A Companion to Marx's Capital*, p. 19

excepcional, y el goce que el sujeto considera haber perdido es postulado como algo que ha sido robado por un *Otro que el sujeto supone que goza* (del mismo modo que Lacan habla de *sujet supposé savoir*, Zizek utiliza la expresión *Other supposed enjoying*).

Como ya vimos, *lo Real* no preexiste a *lo Simbólico*; su emergencia es correlativa. Por consiguiente la existencia de *lo Real* tiene esta dimensión inmaterial, virtual, como puro pliegue de la red simbólica; lo que el sujeto considera la realidad está *desde siempre* simbolizada, si bien tal simbolización fracasa siempre, no es completa –como una red que no es lo suficientemente tupida–, y deja un resto no simbolizado de *Real*, que puede volver "bajo la forma de una aparición espectral". Este pequeño residuo espectral, es el *objeto a*. Es el mismo objeto que encontramos en el fondo del *sujeto fracturado* (*barrado*), en forma de *ausencia*, una ausencia que causa el deseo, pues es en el otro "algo más que él mismo". En la mirada del Otro nace el *goce* del individuo, que para responder al enigma de su deseo debe responder a las demandas del *gran Otro*, el poder simbólico: la ideología dominante.

Zizek comparte con Althusser la idea de que las ideologías dominantes sustituyen su auténtico objeto por otro; es lo que Althusser señalaba al afirmar que la ideología es una "representación de la relación imaginaria de los individuos con sus condiciones reales de existencia". No es que las condiciones reales de existencia estén representadas en la ideología, ni siquiera de forma distorsionada, sino más bien el imaginario de los individuos: sus deseos, esperanzas y miedos respecto al lugar que ocupaen en la sociedad. Dentro de este marco lacaniano,Zizek llama al objeto auténtico de una ideología su "Real".

La noción de "Real" designa entonces un núcleo constante y traumático que impulsa la producción de ciertas ideas pero no puede verse reconocida en ellas. Si, por ejemplo (en un ejemplo que Zizek toma de Lévi-Strauss), dos grupos diferentes de un poblado indígena expresan una visión completamente diferente del orden espacial en el que se organizan las cabañas de su poblado, esta contradicción no puede resolverse examinando y midiendo la "estructura auténtica" del poblado. Es la misma división entre dos percepciones antagónicas la que implica la constante traumática, el antagonismo social fundamental que la sociedad indígena no es capaz de simbolizar de manera unívoca.

Sin embargo, "lo Real" no equivale a "Mundo", entendido como aquella realidad que los sujetos experimentan como una totalidad significativamente ordenada. *Lo Real*, y esto es clave, denota aquellos puntos del tejido ontológico-político *que se resisten a una inscripción completa* y que por lo tanto pueden ser *susceptibles de convertirse en espacios de resistencia* política efectiva.

En primer lugar, Zizek habla de *objetos sublimes de la ideología* como algo Real en este sentido lacaniano. Estos objetos son los *referentes* (lo denotado) de determinados términos ideológicos clave, como Rey, Dios, Democracia, Crecimiento, Deuda o Pueblo. Son objetos que destacan por sobre la red de significantes que componen la vida de un sujeto, y cuya función es la de unificar y dar sentido (en un término lacaniano que apenas hay espacio para comentar aquí: "acolchar", como gesto final de una sutura) al conjunto de experiencias del propio sujeto.

En segundo lugar, Zizek se refiere a *lo Real* en referencia también a las prácticas culturales y sociales que dan forma a la relación de los sujetos con el goce con la función de perpetuar la reproducción del sistema político. Este tipo de prácticas culturales, sin embargo, deben permanecer veladas o incluso "denegadas" por los sujetos, para conservar su efectividad simbólica.

Más allá de estos dos aspectos, hay un nivel más profundo, el de la *fantasía ideológica*. Esta es un suplemento necesario a los términos y prescripciones explícitos de cada ideología, y gestiona la relación de esta con sus excesos. De este modo, las fantasías ideológicas que *interpelan* a los sujetos políticos *distorsionan* esta relación, cómo decíamos, velándola, desactivándola.

En este nivel "*lo Real*" indica la inherente y necesaria finitud de lo ideológico, que las *fantasías ideológicas* representan de manera distorsionada como contingente y surgido *del exterior* de la comunidad política: la ilusión de esta externalidad total del ámbito ideológico, afirma Zizek, sostiene la percepción de la comunidad como una "interioridad" plenamente unificada y coherente.[279]

Este gesto de "externalización" se da en el caso de las creencias más fundamentales para el sujeto, que tienen una estructura esencialmente "descentrada", bajo la forma de *creencias del Otro*:[280] es por esto que la adquisición de conocimientos que chocan frontalmente con ellas no solamente no las suprime, sino que en algunos casos esta contradicción es precisamente condición necesaria para que sigan en pie, parapetadas bajo una u otra *denegación fetichista*. En esos casos las ideologías requieren, como suplemento paradójico, un "conocimiento superior" que aparente descartarlas.

De todo esto queda claro que, para Zizek, los sujetos no saben realmente *qué* creen, y se ven ajenos a toda ideología, que a nivel *objetivo* mantienen bajo forma denegada, como fantasía ideológica, y que les permite aceptar sus condiciones de existencia. Sin embargo, esta denegación no puede tener lugar sin dejar un rastro material de la fantasía que les da origen: este es el *fetiche*, una pequeña *ruina* subjetiva, un pedazo de la realidad del sujeto que le permite *fingir que acepta la realidad tal y como es*.[281]

Por lo tanto, hay dos movimientos que, finalmente, cabría destacar en esta relación de los sujetos con el campo de lo ideológico: la *fantasía* como *ilusión objetiva*, como distorsión presente en aquello que los sujetos realmente hacen, independientemente de sus *creencias* al respecto; y la *fantasía* como distancia respecto a esta percepción distorsionada de la *acción del sujeto*[282] (cabe repetir aquí que, estas "ilusiones objetivas" están más allá del sujeto, pertenecen a un otro puramente virtual, o en otras palabras: al dominio de lo simbólico, esto es, "el *gran Otro*" en términos lacanianos).

---

279. Sharpe, M., *Slavoj Zizek: A little piece of the real*, p. 8
280. Pfaller, R., *op. cit.*
281. "Un hamster, un buda y los fetiches de la ideología", artículo *online*.
282. *El sublime objeto de la ideología*, pp. 58-61

La ley y su reverso

No sorprenderá por lo leído anteriormente que Zizek subraye constantemente aquellas prácticas sociales, presentes también en las sociedades "post-industriales", que tienen que ver con lo que denomina "transgresión inherente": una gestión tácita de los excesos y tabúes que cada sociedad considera oficialmente censurables, pero que simultáneamente ofrece como recompensa "nocturna" a la adhesión al orden establecido: la Ley genera el deseo de su propia transgresión,[283] pero en definitiva esta le es consustancial, hasta el punto de que se abre una fractura en la Ley misma, dividiéndola en dos: Ley pública y simbólica, y Ley *superyoica del goce*. Ambos aspectos juegan un papel en el control social, por un lado a través de la coerción activa de los individuos (y sus cuerpos), y por otro a través del *suplemento de goce* al que los sujetos acceden en todas las "suspensiones carnavalescas" (en sentido *bajtiniano*) de la Ley, ya sea en público (de los propios *carnavales* medievales a la moderna sociedad del espectáculo), como en privado (del *Ku-klux-klan* o las "inocentadas" en el ejército o policía, hasta *Abu-Ghraib* y sus –lamentablemente– constantes secuelas).

Todo régimen político tiene un cuerpo de Leyes más o menos explícitas que exige de los sujetos que gocen en nombre de un bien mayor, y según ciertas pautas. Zizek identifica este nivel de la Ley con el *Ideal del yo* freudiano, pero afirma que, para ser efectivas, las leyes explícitas de un régimen deben incluir y ocultar un lado "nocturno" de leyes tácitas o secretas que, lejos de simplemente reprimir el *goce*, implican a los sujetos en un *goce culpable* de la represión misma. El super-yo freudiano, para Zizek, designa la actividad psíquica de la Ley, y es percibida de manera distorsionada y sostenida por el imaginario fantasmáti-

---

283. Es especialmente recomendable revisar la lectura de San Pablo y Badiou que Zizek retoma en varias obras, especialmente a partir de *El espinoso sujeto*, pp. 157-164. Para un análisis más detallado, vid. *Kotsko*, A. pp. 79-88 , Dean, J. pp. 157-177, o *Guanzini*, I. pp. 102-104 [ver bibliografía].

co de los sujetos, a menudo bajo la idea del "*Otro que supuesta-mente goza*" en su lugar. En este lado nocturno de la Ley se basa el imperativo de goce impuesto a los sujetos, cuyos excesos son re-normalizados a través de estas "transgresiones inherentes" prohibidas/permitidas por la sociedad.

Para Zizek, los sistemas políticos o ideológicos no pueden evitar este tipo de "contradicciones". El acto que funda la Ley nunca es en sí mismo legal conforme al propio orden que se establece por la Ley misma. En este caso, la función de la *fantasía* es la de reescribir el *acto político* por el que se funda el orden legal *como si fuera él mismo legal*, en un corto-circuito histórico mediante el cual la Ley se legitima a sí misma antes de que fuera instituida.

En el caso de que este sucinto resumen pueda generar algunas confusiones, recordemos que el propio Zizek[284] ha subrayado que la oposición entre *Ley pública* y su obsceno suplemento superyoico no se corresponde a la oposición entre *Ley conscien-te y lo Real del inconsciente*: no se puede esencializar el *superyo obsceno* en un "*Real* pre-cultural". Su propuesta no consiste en el rechazo del reverso oscuro de la Ley y sus "válvulas de escape" en pos de una Ley simbólica más adecuada, ni tampoco el de una ampliación radical de lo Real hasta la devaluación de "la ley pública en un impotente teatro de sombras":

> *El reverso obsceno, desde luego, es el suplemento de la Ley, su doble secreto, su "transgresión inherente"; y no es meramente una "válvula de escape" secundaria, sino un apoyo activo de la Ley pública, no un pseudo-exceso tolerado, sino un exceso solicitado. Por esta misma razón, funciona como un sinthome lacaniano: un nudo que literalmente mantiene unida a la Ley: si disuelves el exceso, pierdes la Ley misma.*[285]

En definitiva, la Ley, y por lo tanto la sociedad, necesitan el apoyo del *imaginario*. El papel del *imaginario* en el individuo,

284. Cfr. *Concesso non dato.*
285. *Ibíd.*

como acabamos de ver, tiene un papel doble,[286] por un lado suplir una ausencia, y por la otra ocultar su origen traumático. Por una parte mantiene una "falsa apertura" de la ficción simbólica, es decir, una apariencia de auto-suficiencia de la Ley explícita como garantía de la libertad del sujeto, mientras que por otro lado cierra el espacio de libertades concretas.[287]

La ideología es la función que el imaginario cumple a nivel social, mediando entre la Ley explícita y el nivel social *real*, proporcionando a los individuos un semblante de auténtica libertad, pero simultáneamente limitando su libertad de elección, formalmente permitida pero *imposible* dentro del sistema mismo, so pena de un derrumbamiento del edificio social.

Lo ideológico representa por lo tanto un cortocircuito que, al esconder su propia condición de *imposibilidad*, constituye su espacio simbólico de funcionalidad. Para hacer esto no necesita estructurarse en un sistema de falsas creencias, sino que le basta con actuar estructurando el objeto de goce de los sujetos: desde el momento en el que da forma al modo de goce, la ideología no necesita que se crea en ella, por cuanto el goce es siempre *goce del Otro*, de modo que la creencia en la ideología comparte la estruc-

---

286. Aquí es especialmente pertinente la reconstrucción que hace N. Malinverno (*Dall' immaginario all'ideologia nel pensiero di Slavoj Zizek*, pp. 30-31) de la lectura que Zizek realiza de la película "La chaqueta metálica": en esta se muestra el funcionamiento de la máquina ideológica incluso, o precisamente a través de su fracaso: "en la primera parte de la película se contempla la acción del poder en cuanto máquina superyoica, sexualizada y retorcida, que opera a través de un mundo de rituales subterráneos [...] Al final de esta parte, a causa de una sobreidentificación con el super-yo de la máquina ideológica, uno de los reclutas ejecuta un dramático passage à l'acte de homicidio-suicidio". En la segunda parte de la película, sin embargo, el compañero más humano, pacifista e incluso cínicamente distanciado de todos los rituales, es capaz de asesinar a una muchacha herida, si bien por compasión. Aquí "el personaje 'humano' se revela finalmente como el perfecto militar, el sujeto sobre el que la ideología militarista ha tenido éxito" precisamente porque el sujeto ha mantenido en todo momento una "distancia humana ante las demandas superyoicas de la máquina ideológica, conservando un pretendido núcleo no-ideológico", una distancia mínima entre discurso ideológico público y su anverso nocturno, que le permite "conservar algo de humanidad y poder así no identificarse con uno de los dos polos de la ley"; ni el del poder obsceno del sargento instructor, ni el del poder explícito del comandante ("¡Pido que mis soldados que crean en mí como creen en Dios!").

tura general de la *creencia interpasiva*: como afirma Terry Eagleton, "la ideología, como la halitosis, es siempre lo que tienen los demás".[288]

Ideología(S)

Para Zizek (en un debate continuo con Laclau y Mouffe) el objetivo de las fuerzas políticas en disputa por la *hegemonía* es el de elevar sus significantes políticos al rango de representantes de la *universalidad*. Para conseguir esto, cada movimiento político debe tener éxito a la hora de conectar su perspectiva con los *objetos sublimes* "extra-políticos" y postularlos como una *encarnación* de la totalidad política. Esta "ocupación" del espacio de *lo universal* es siempre precaria y temporal, pues ese espacio "imposible" nunca puede llenarse plenamente. En concreto, ese *Universal* que persigue todo movimiento político sólo adquiere existencia concreta cuando algún contenido particular comienza a funcionar como su *encarnación*; el hecho de que este vínculo entre contenido Universal y *particular* sea *contingente* implica que está sujeto a la lucha *política*.

Para comprender esto hay que volver a otro término lacaniano que usan tanto Laclau como Zizek, el del *acolchado* o "capitonnage". Al igual que ocurre con la construcción del significado y el deseo en Lacan, el significado de los términos políticos (con los que las fuerzas en disputa intentan construir un discurso que apele a la Universalidad del campo social) *no están dados* de una vez por todas, sino que surgen de un proceso en el que los distintos *significantes* pasan de un "estado de flotación"[289] en el que su significado no ha sido *suturado* aún, a otro de "acolchado", una vez que un significante concreto ha fijado retroactivamente el significado de toda la cadena de significantes. Zizek habla por tanto de "acolchado ideológico", una sutura concatenada de términos que en un momento dado poseen pregnancia

288. Eagleton, T. *Ideology, an introduction*, p. 2
289. *El sublime objeto de la ideología*, pp. 142-145

política ("libertad", "Estado", "justicia", "paz") en un determinado *punto de acolchado* (o "*point de capiton*"), es decir, *bajo un significante maestro* que conjuga el significado de toda la serie ("Comunismo", "Revolución ciudadana", o también "La Transición", o "la Cruzada Nacional", pues Zizek distingue diversos *acolchados*),[290] este proceso es retroactivo y asume el papel de mediador evanescente, pues una vez se ha cerrado el *punto de acolchado*, "borra sus propias huellas".[291]

En el caso del fascismo, Zizek describe cómo "no se caracterizaba simplemente por una serie de características como corporativismo económico, populismo, racismo, militarismo, etc., puesto que estas podrían incluirse dentro de otras configuraciones ideológicas; lo que hacía a todas estas características '*fascistas*' era su articulación específica dentro de un proyecto político general".[292]

No obstante, si leemos esta *lucha por la hegemonía* como una lógica combinatoria de discursos inconsistentes entre ellos, podría deducirse que el antagonismo fundamental de una sociedad está *siempre desplazado*, y por ello mismo el antagonismo central nunca puede describirse directamente, más allá de toda mediación política. Zizek señala que, *si se acepta* que no podemos dar cuenta del antagonismo porque nunca aparece de manera totalmente transparante, resulta difícil rebatir que haya *más de un* antagonismo central: cuál sea el antagonismo fundamental queda abierto a la disputa ideológica por la hegemonía.

Como vimos más arriba, esto nos lleva a su conceptualización de la *lucha de clases* como *Lo Real* del capitalismo. En el caso del poblado indígena descrito por Lévi-Strauss, la clave estaba en que no implicaba relativismo cultural alguno: al expresar una visión completamente diferente del orden espacial en el que se organizaban los edificios en su poblado, los indígenas apuntaban a un núcleo traumático, un antagonismo fundamental que *distorsionaba todo el cuerpo social*, una X virtual, punto de referen-

290. *Ibíd.*, p. 143
291. *Ibíd.*
292. *The universal exception*, pp. 40-41

cia absoluto y a la vez inasimilable, no simbolizable, que circula entre los diversos niveles de lo social, articulándolos y dándoles su contenido concreto.

La crítica que Zizek realiza a Laclau apunta a su reafirmación de una fractura irreductible entre la universalidad vacía y su representación *siempre* distorsionada. La fractura puede superarse, afirma Zizek, no a través de la aparición de una encarnación transparente del universal, *sino afirmando la distorsión misma como espacio de la universalidad*. Dicho de otro modo: *el antagonismo social fundamental* (la "lucha de clases") no se expresa de un modo distorsionado, sino que *es el principio de distorsión mismo*.

De este modo, la auténtica "política de clase" no tiene nada que ver con centrarse exclusivamente en la lucha de clases y reducir todas las luchas particulares a expresiones y efectos secundarios de una única lucha "auténtica". Zizek hace aquí referencia a "Sobre la contradicción" de Mao Zedong, un texto de 1937.

Según Mao los marxistas dogmáticos "no comprenden que es precisamente en la particularidad de la contradicción donde reside su universalidad": hay muchas contradicciones en el desarrollo de un proceso complejo, y una de ellas es necesariamente la *contradicción principal* cuya existencia y desarrollo determina o influye en el resto de contradicciones. Por ejemplo, en la sociedad capitalista las dos fuerzas en contradicción, el proletariado y la burguesía, forman la contradicción principal. Las otras contradicciones, como aquellas entre la clase feudal superviviente y la burguesía, entre la pequeña burguesía del campo y el campesinado, o entre los capitalistas no-monopolistas y los capitalistas monopolistas, están todas determinadas o influidas por esta contradicción principal.

Cuando el imperialismo lanza una guerra de agresión contra un país, todas las clases pueden unirse temporalmente. En tales momentos, la contradicción entre imperialismo y el país en cuestión se convierte en la *contradicción principal*, mientras todas las contradicciones entre las diversas clases dentro del país se ven temporalmente relegadas a una posición secundaria y subordinada.

La postura de Mao radica entonces en que la contradicción principal (universal) no se subordina completamente a la contradicción particular que en una situación determinada se considera dominante; la dimensión universal reside literalmente en esta contradicción particular. En cada situación concreta, una contradicción diferente "particular" es la predominante, en el sentido de que, para poder ganar la batalla por la resolución de la contradicción principal, debería tratarse una contradicción particular como la predominante, a la que se subordinaría todo el resto de luchas, incluida la *lucha de clases*: "en China, bajo la ocupación japonesa, la unidad patriótica contra los japoneses era la predominante si los comunistas quería ganar la lucha de clases: sin embargo, todo énfasis excesivo en la lucha de clases en aquellas condiciones iría contra la lucha de clases misma".[293]

Populismo

Sin embargo, para Laclau todo aferrarse "esencialista" a alguna instancia central cuya *centralidad* misma no es el resultado de una lucha contingente por la hegemonía supone ignorar el proceso abierto y contingente a través del cual se constituyen los agentes políticos universales: sólo la noción de populismo, con el significante "Pueblo" como agente político hegemónicamente construido, puede encarnar de manera adecuada este proceso.

Zizek está de acuerdo con Laclau en definir el populismo de un modo formal-conceptual, y destaca cómo, en *La razón populista*, Laclau ha desplazado claramente su posición, de la "democracia radical" hacia un *populismo* en el que lo Político se vincula al momento álgido de *exigencia democrática* dentro del sistema; sin embargo, señala, el populismo puede ser también bastante reaccionario y se hace necesario trazar ciertas líneas de demarcación.

293. With *defenders like these...*

La propuesta de Zizek es que toda construcción del *pueblo* como sujeto político no es de por sí *populismo*. Del mismo modo que Laclau, en línea con Lacan, afirma que la Sociedad no existe, para Zizek el Pueblo tampoco existe: el problema con el populismo sería precisamente que dentro de su horizonte el pueblo *sí existe*; la existencia del Pueblo está garantizada por su excepción constitutiva, por una externalización del enemigo en un obstáculo/intruso positivo.

La fórmula más adecuada de referencia no-populista al Pueblo debería ser para Zizek una paráfrasis de la definición de la belleza de Kant como "*Zweckmäßigkeit ohne Zweck*" [adecuación a fines sin fin último]: esto es, *lo popular sin el Pueblo*, como afirmación de *lo popular* atravesado por un antagonismo constitutivo que evita que adquiera una identidad plena y substancial como Pueblo. Por eso el populismo, lejos de ocupar el lugar de lo Político como tal, siempre implica una despolitización mínima, su naturalización.

En el fascismo, se invierte simétricamente lo que Mouffe llama la "paradoja democrática": si la apuesta de la democracia institucional es transformar la lucha antagonística en un agonismo regulado, el fascismo procede en la dirección opuesta. Mientras que el fascismo lleva la lógica antagonista a su extremo, introduciendo la lógica nosotros/enemigo –impuesta por una violencia extra-institucional–, postula como fin político precisamente lo opuesto: un cuerpo social extremadamente ordenado y jerárquico.

En este sentido, el "populismo de derechas", en su variante "post-fascista" (como se definían movimientos como Alleanza Nazionale en Italia) funcionaría con el significante "clase media" como punto de referencia: "la clase media [...] por un lado, está contra la politización; simplemente quieren sostener su modo de vida, ser libres para trabajar y llevar su vida en paz (por ello tienden a apoyar los golpes de estado autoritarios que prometen poner fin a la caótica movilización política de la sociedad, de modo que todo el mundo pueda volver al trabajo). Por otro lado, bajo los ropajes de la mayoría moral trabajadora y patriótica, son los instigadores principales de la movilización de masas (como el populismo de derechas de Le Pen)".[294]

Gracias a esta movilización "los partidos principales ahora consideran aceptable señalar que los inmigrantes son invitados que deben acomodarse a los valores culturales que definen a la sociedad que les hospeda". Fenómenos como Berlusconi demuestran cómo administración post-política y politización populista pueden coexistir en la misma fuerza política; "lo mismo vale para el gobierno de Blair en el Reino Unido o la administración de Bush; el populismo está reemplazando progresivamente a la tolerancia multiculturalista como el suplemento ideológico "espontáneo" de la administración post-política, como su 'pseudo-concrección': su traducción en una forma que pueda apelar a la experiencia inmediata de los individuos".[295]

La post-política "pura" es por lo tanto inherentemente imposible: cualquier régimen político necesita un suplemento "populista" que vehicule "la exasperación de la gente corriente ante la complejidad... y la convicción consiguiente de que debe haber alguien responsable por todo ello".

Poder "pre-moderno"

En sus libros, Zizek mantiene una distinción más o menos clara entre regímenes modernos y pre-modernos, según su relación con respecto a la *organización del goce* y su relación con la *Ley*. Los regímenes pre-modernos ejemplificarían lo que Lacan llama el *discurso del amo*. En estos regímenes autoritarios, la palabra y voluntad del Rey o el Señor feudal eran soberanas, fuente de autoridad política. Los individuos *sujetos a ella* se sometían a los deseos del soberano y, por usar otra expresión que hemos comentado, a las directrices del "sujeto supuesto-saber", es decir: para los sujetos los otros (*el Otro*) *sabían* cuáles eran los términos de obediencia debida. En este marco, las prácticas

294. *Ibíd.*
295. *Ibíd.*

cuasi-transgresoras eran excepcionales en el espacio político, sólo perceptibles en los acontecimientos de tipo carnavalesco, o en los espectáculos ejemplarizantes, como es el caso de las ejecuciones públicas.

En *Porque no saben lo que hacen*, Zizek discute la argumentación clásica de Ernst Kantorowicz acerca de los "dos cuerpos del Rey" en los regímenes monárquicos. La teoría de Kantorowicz es que, en los regímenes antiguos, la persona del Rey era considerada indisociable de su cuerpo mortal y humano, al igual que sus súbditos. La salud corporal del Rey era desde luego una cuestión de la mayor importancia de Estado, y parte de su corte estaba formada por médicos y asistentes. Por otro lado, sin embargo, el Rey era *simultáneamente* portador de un segundo cuerpo "inmaterial y sagrado". Paradójicamente, era precisamente en cuanto portador de este segundo cuerpo que la salud del Rey cobraba tal importancia.

La cuestión que aborda Zizek, y que considera de importancia central para la ontología política, es la percepción que tenían de tal corte íntimo en la persona del Soberano sus propios súbditos. Su legitimidad descansaba en que era visto por sus súbditos como poseedor de este cuerpo singular e irreemplazable.

Al margen de la especificidad histórica y geográfica del análisis de Kantorowicz, para Zizek cada régimen tiene sus propias respuestas a esta cuestión, que habitualmente implican alguna historia mítica acerca de los orígenes propios del modo de vida de cada comunidad política.

En este sentido, también es habitual que trazas, ruinas o restos de esa agencia fundadora de la comunidad sean vinculados a este relato mítico, como encarnación de su "esencia" propia y específica. En este punto radica el cortocircuito que interesa a Zizek: finalmente el cuerpo del Rey (por ejemplo, su *sang real*) acaba incluyendo también un resto espectral de su "cuerpo simbólico". La función institucional, independiente del "ocupante" del cargo institucional, se "redobla en el cuerpo mismo" del Rey.[296]

296. *Porque no saben lo que hacen*, pp. 330 y ss

Es decir, para Zizek el auténtico "misterio" de la fetichización de la realeza no consiste simplemente en que el cuerpo material sirve de soporte para su *cuerpo sublime*; más bien es el hecho de que tan pronto como una persona ejerce de "Rey" sus propiedades cotidianas, ordinarias, sufren una transustanciación que las convierte en objeto de fascinación. Obviamente no hay nada que resida intrínsecamente en el cuerpo del Rey que haga que sea experimentado como un objeto sublime ideológico para sus súbditos: el papel simbólico del Rey es el que otorga esta consistencia ontológico-política a su encarnación humana.

De hecho, la autoridad tradicional se basaba en una mística de la institución, que encadenaba su poder carismático al ritual simbólico, a la performatividad de la *Institución* como tal. El rey, el juez, el presidente, etc., pueden ser personalmente deshonestos, corruptos, pero cuando adoptan la insignia de la autoridad, experimentan este tipo de transubstanciación mística.

Por lo tanto la identidad de súbdito interpelada por este tipo de autoridad es equivalente a la proposición "la autoridad es mejor, aunque fallida en su contenido, que la autoridad que es arbitrariamente justa pero carente del soporte institucional". La Ilustración (y la Revolución francesa) estaba en lo cierto al apuntar cierta irracionalidad intrínseca al modo tradicional de formación social; la única razón que podía darse para obedecer al monarca tradicional, era tautológica y vacía.

En última instancia la respuesta de los sujetos ante el llamado Ilustrado a la autonomía racional respecto al poder tradicional, se podría haber resumido con la ya citada respuesta *ideológica por antonomasia*: "sé muy bien que el Amo (Rey, Dueño de la plantación, magistrado local) es un hombre normal como nosotros, *pero de todas formas le obedezco*". En la respuesta se haya implícito ese gesto tautológico ("obedezco al Rey ... porque es el soberano") que representa la "creencia inconsciente y simbólicamente eficiente", en relación a la cual el conocimiento expresado en la primera proposición *distancia* al sujeto de la fuerza irracional de la creencia tautológica y en última instancia irracional.

Según Zizek el poder tradicional debe considerarse, en términos de Jon Elster, como uno de aquellos "estados que son esencialmente subproductos",[297] esto es, estados tanto subjetivos como "objetivos" (sociológicos, económicos, etc.) que por su propia naturaleza no pueden entrar dentro de un cálculo racional de causa-efecto, y por lo tanto no pueden ser decididos y gestionados por una "voluntad consciente" (el *enamoramiento* es un ejemplo). En cierto modo son percibidos como el *efecto de una agencia causal* ajena a esa voluntad. Es decir, volviendo a Lacan, Zizek los considera como "estados esencialmente producidos por el Gran Otro".

En este sentido el depositario de un "poder simbólico", como el soberano en una monarquía, no es tanto un individuo que posee *algo*, como el *destinatario de una propiedad adjudicada por Otro*, en este caso un "algo" extra-subjetivo, impersonal. Hay papeles, cargos y roles institucionalizados que ciertas personas asumen en virtud de su ocupación de ciertos espacios dentro del orden inter-subjetivo o "gran Otro" simbólico en el que se hayan inmersos todos los sujetos. Sólo en virtud de esa posición en la red simbólica los gestos, actos y declaraciones de determinados sujetos pueden adquirir "fuerza performativa".

No obstante, el auténtico secreto no se descubre en lo que se esconde tras la máscara del poder simbólico (que no es más que el mismo cuerpo mortal y ordinario), sino la fuerza "mística" que se esconde entre ambos lados de la máscara; aquello que la dota de un poder performativo "políticamente eficiente".[298]

Poder "moderno"...

La lógica del poder tradicional reside en que su *efectividad* yace enteramente en su ser sólo pura *potencialidad*: su despliegue completo deja clara su impostura. El poder simbólico reside en un "*plusvalor de confianza*" que debe ser cuidadosamente pre-

---

297. Cfr., entre otros, Elster, J. *Uvas amargas*, editorial Península.
298. *Porque no saben lo que hacen*, p. 321

servado: un ejemplo recurrente es la impotente excusa de los oficiales nazis "si el Führer supiera *realmente* lo que ocurre, pararía todo esto".[299]

En los regímenes ideológicos contemporáneos, sin embargo, ya no está presente del mismo modo el mecanismo lacaniano del "discurso del amo". Dado que el complejo de Edipo es asociado por Zizek a la autoridad política "clásica", está de acuerdo con la Escuela de Frankfurt –y difiere de Deleuze y Guattari– en que la subjetividad actual ya es post-edípica. Una de sus afirmaciones más repetidas es que en el mundo político actual el ascenso de fundamentalismos religiosos o nuevos brotes de xenofobia (personal o "institucionalizada") no son restos arcaicos de estructuras tradicionales, sino los efectos patológicos de las nuevas formas de organización social. Para Zizek la estructura definitoria de los regímenes ideológicos modernos es el *conocimiento* (bajo la forma lacaniana del *discurso de la universidad*).

Según el esquema que propone Zizek, en los regímenes tanto fascistas como estalinistas el poder justifica su autoridad en referencia a un Otro; en el caso del fascismo, el "intruso" (el judío, el gitano, el comunista, etc.: *sujets-supposés-jouir*), y en el caso del estalinismo, la agencia que garantiza el sentido final del curso de la historia (las Leyes históricas, como *gran Otro*).

No obstante debemos volver al punto clave: la "denegación fetichista" ("sabemos muy bien que … pero de todas formas..."). Pese a que Zizek defiende el potencial del psicoanálisis como heredero del compromiso ilustrado con el potencial liberador del conocimiento reflexivo, ve un vínculo entre la retórica ilustrada y la posición del cínico moderno. La autoridad del amo tradicional apenas tenía fundamentos de legitimidad; se basaba, como vimos, en una tautológica obediencia de los sujetos. La intención de la Ilustración era la de arrancar estas máscaras del poder tradicional y mostrar desnudo el engaño de los defensores del *ancien Régime*. La posición de Zizek es que el positivismo

---

299. En este ejemplo cabría entender que Zizek sugiere un resto de "poder tradicional" dentro del mismo régimen nazi, que como veremos, se encuadra más allá de la forma pre-moderna de poder.

ilustrado les cegó a la hora de ver cómo la máscara simbólica no era un simple velo que había que eliminar: aquellas instituciones simbólicas dependían de una tupida red de creencias que daban solidez al tejido social, necesarias también para la emergencia de toda subjetividad socializada.

Desde el siglo dieciocho se habrían seguido, por lo tanto, varias formaciones sociopolíticas en las que la estructura de los sujetos tradicionales, anclada en esa "denegación fetichista", ha ido cambiando. Lo que es decisivo para Zizek es que lo que ha sobrevivido a la autoridad tradicional son estructuras de poder que son más intrusivas y peligrosas que antes.

...y sus réplicas contemporáneas

Como adelantamos ya, Zizek mantiene una actitud crítica hacia la posición desarrollada por Deleuze y Guattari en su *Anti-Edipo* (y también en *Mil Mesetas*): el malestar de la sociedad contemporánea derivaría del hecho de que no se ha purgado lo suficiente de su opresiva herencia "edípica". Según esta posición, el totalitarismo representa simplemente el ejemplo más puro de este tipo de autoridad, que continúa bajo formas más larvadas e invisibles. Zizek insiste sin embargo en que habría que rechazar el relato que sugiere el derrumbe del orden patriarcal edípico en favor de una emancipación postmoderna, construida sobre la multiplicación de identidades contingentes. Lo que este relato obvia son las nuevas formas de dominación generadas precisamente por el "declive de Edipo"; las las nuevas formas de subjetividad "post-edípicas" son correlativas de una dominación y sujección "obscenas", si cabe más férreas que antes.[300]

En segundo lugar, Zizek analiza el relato que establece la modernidad como culminación del desarrollo inmanente de uno u otro "principio civilizatorio", operativo desde la época griega clásica. La *vulgata* hegeliana suele colocar a Hegel como el exponente más claro de una versión "afirmativa" de esta tesis: la

300. *El espinoso sujeto*, cap. 6

modernidad representaría el "final" de un proceso dialéctico de lucha y desarrollo histórico. Nietzsche, por otro lado, sería el epígono "negativo" de esta tesis, presente también en el último Heidegger y en Adorno y Horkheimer.

En tercer lugar, la posición de Zizek respecto a la modernidad se opone también a la de Max Weber, que define al proceso de modernización como el despliegue de un gran proceso de racionalización y desencantamiento que habría hecho al mundo cada vez más transparente y abierto al control humano, pero al mismo tiempo lo habría dejado desprovisto de espiritualidad e impredictibilidad.

El énfasis de Zizek en el irreductible corte histórico introducido por la Ilustración distancia su posición de la tesis de que la modernidad representa la continuación de procesos históricos más amplios. La modernidad tiene una relevancia propia, a causa de la importancia sin precedentes que el *conocimiento* adopta dentro de ella. Uno de los ejemplos de esta distancia tiene que ver con lo que teóricos como Adorno consideraban el punto cenital del proceso de racionalización moderna: la shoah. Eichmann, lejos de ser impulsado por una maléfica voluntad de dominio y violencia irracional, habría actuado simplemente en base a criterios racionales, "cumpliendo su trabajo" y respetando la jerarquía de mando: "lo importante era la forma pura y 'aburrida' simbólica del poder, obedecida al margen de todo vestigio *imaginario* de compasión o horror ante la violencia. Lo que interesa a Zizek es que los nazis implicados directamente en el genocidio, en su mayoría, no eran forzados violentamente a participar. Se les ofrecía una elección: participar en ella, o abstenerse, sin castigo alguno ulterior; siguiendo los polémicos resultados de la investigación de Daniel Jonah Goldhagen,[301] señala la importancia del psicoanálisis para la comprensión de los mecanismos responsables del holocausto: este fue tratado por el aparato nazi como una suerte de "secreto obsceno", y aparte de no reconocerlo nunca públicamente, obstaculizaba sistemáticamente toda traducción directa en el vocabulario de la maquinaria burocrática.

301. Goldhagen, D.J., *Los verdugos voluntarios de Hitler*, 1997, editorial Taurus.

Esta burocratización permitió a los participantes neutralizar el horror y tomarlo como "simplemente otro trabajo más", si bien, simultáneamente, se convirtió en una suerte de goce adicional, un suplemento que precisamente permitía, mediante el "disfrute del trabajo bien hecho ... y la participación en el gran capítulo de la historia del Reich" desbloquear el *impasse* en el que cualquier sujeto normal se vería ante la situación de tener que ejecutar ese tipo de órdenes.[302] Zizek considera que el holocausto es, más que una excepción dentro de la forma dominante de poder en los regímenes modernos, un caso representativo de la configuración que ha asumido la dominación social tras el derrumbe de las formas "tradicionales" del poder.

La postura al respecto, defendida en sus últimos textos, es que en el desarrollo europeo moderno, habría una sucesión de lo que Lacan llama *los cuatro discursos*; el "discurso del amo" regiría en la monarquía absoluta, la primera figura de la modernidad que socavó la red de relaciones feudales, transformando la fidelidad en adulación y nepotismo; en este sentido Luis XIV, con su conocido *motto* "l'ètat, c'est moi", sería el Amo por excelencia. El *discurso de la universidad* y el *discurso histérico* despliegan dos resultados paralelos del resquebrajamiento del reinado del Amo; tanto bajo una forma de gestión ultra-tecnócratica que culmina en el horror biopolítico (producción en masa de *homo sacer*), como en la explosión de la subjetividad *histérica* capitalista que se reproduce a sí misma a través de una permanente auto-revolución y mediante la integración de todo *exceso* dentro del sistema, acelerando hasta el extremo los ritmos con los que la sociedad re-normaliza sus excepciones y perturbaciones: para Zizek "la auténtica revolución permanente es ya el capitalismo mismo".[303]

La fórmula de Lacan de *los cuatro discursos* le permite a Zizek desplegar las dos caras de la modernidad: la *administración total* y la *dinámica individualista-capitalista*, ambas concebidas como modos efectivamente dados de subversión del *discurso del Amo*.

302. *El acoso de las fantasías*, pp. 86-92
303. *Concesso non dato*

Por un lado, la suspensión de la eficiencia política de la figura del Amo puede suplementarse por el gobierno directo de expertos legitimados por su conocimiento (reinado del *conocimiento*, dominio del *discurso de la universidad*). Por el otro, el *exceso de duda*, el *cuestionamiento permanente*, pueden integrarse directamente en el ciclo capitalista de reproducción social (predominio del *discurso del histérico*).

Finalmente, culminando esta tétrada "hegeliana", el *discurso del analista* representaría la emergencia de la subjetividad revolucionaria-emancipatoria, capaz de resolver la fractura entre el *discurso de la universidad* y el *discurso histérico*: el agente revolucionario (*identificado* con el *objet petit a*, y guiando a los sujetos hacia la posición del *resto*, del *residuo*, del excluido) "*interpela al sujeto desde la posición del conocimiento, que ocupa el lugar de la verdad, e interviene así en la 'torsión sintomática' de la constelación del sujeto: el objetivo es el de aislar y eliminar el significante-amo que estructuraba el inconsciente ideológico-político del sujeto*".[304]

Dicho de otro modo: *repitiendo* la posición del *discurso del analista*, el agente revolucionario (sea como fuere la constitución concreta de ese sujeto político) interpela al sujeto desde un lugar cuya verdad, digamos, "auténtica", es el saber del inconsciente, la interminable cadena de significantes: el *conocimiento* (y no al revés, con el conocimiento asumiendo la posición de agente que interpela, y "su verdad" siendo el *significante-Amo*).

El paralelismo que busca Zizek aquí se basa en la idea de que, en la terapia, el analista controla especialmente lo que produce la posición que está adoptando respecto al paciente (*analizante*): a partir de su silencio, de su falta de respuesta, "provoca" al sujeto, apela a su esencia fracturada, a su "vacío constitutivo". La provocación hace rotar e intercambiarse varios *significantes-Amo*, que a su vez van dando buena cuenta de los deseos inconscientes del sujeto. En todo caso, nos interesa esto último en la medida que apunta a una cuestión clave: al "*atravesar la fantasía*", suspendiendo la creencia en el *gran Otro* y cambiando finalmente un

304. *Ibíd.*

significante-Amo ideológico por otro, se abre un momento de libertad, de emancipación; sin embargo, esta lleva indefectiblemente al establecimiento de otro orden nuevo, de un diferente *gran Otro*, que en principio podría ser "mejor", aunque en todo caso eso no parecería comprobable *a priori*.[305]

La respuesta de Zizek tiene que ver con que este momento de cambio radical (de "*Acontecimiento-Verdad*" en términos de Badiou) es "auténtico" *si sostiene esa libertad-negatividad absoluta*, es decir: si en su desarrollo hay un germen que promete mantener abierto el momento de libertad revolucionaria.[306] No obstante, como ya ha mencionado en varias ocasiones, si bien ve clara la necesidad de construir y mantener ese momento revolucionario "de apertura", lo que le interesa "es el día después".[307] Comentaremos algo más al respecto en las páginas finales, pero de momento volvamos al hilo "histórico" del desarrollo de las formaciones ideológicas.

De la ideología estalinista al capitalismo neoliberal

Si bajo el dominio "autoritario" o pre-moderno la mera justificación de la legitimidad del Rey en términos de *valía personal* era casi un crimen de lesa majestad, bajo condiciones "totalitarias" el líder reclama autoridad en términos de sus cualidades efectivas. Bajo las estructuras pre-modernas de autoridad, el suplemento superyoico a la Ley simbólica "humana" permanece como algo excepcional.

Sin embargo, en el "estalinismo" el superyo se apropia el espacio público, y la "humanidad" íntima y privada del líder se muestra como la característica propia de aquellos a quienes la *necesidad histórica* impone el cumplimiento de determinados "sacrificios".

305. Kotsko, A. *Zizek and theology*, pp. 72-74
306. Cfr. *El espinoso sujeto*, pp. 252-259, y la síntesis, en mi opinión bastante valiente, de Kotsko, A., *Zizek and theology*, p. 82
307. "Slavoj Zizek. Call to Protest", entrevista para *DeutscheWelle* del 2 de enero de 2012

El poder tradicional mantiene la fuente de la autoridad en estructuras pre-reflexivas de creencias, pero, y es importante subrayarlo, el universo llamado "totalitario" no es en absoluto un espacio de "secretos reprimidos". Su "desviación" consiste más bien en que en él (todos) los sujetos manipulan conscientemente la Verdad en pos de "la Causa", y sin embargo *creen* en los resultados de su propia manipulación.

Otra acotación respecto al término "totalitarismo" que Zizek repite en esos textos es que el término ha sido utilizado en Occidente como "arma arrojadiza", utilizada por liberales y neo-conservadores para oponerse a toda reforma social. El teórico que utiliza el término, subraya Zizek, corre el riesgo de dar soporte a la fusión que el discurso de la derecha liberal realiza entre los regímenes fascistas y los Estados socialistas. En primer lugar, el fascismo es "una continuación del capitalismo por otros medios":[308] un *pseudo-Acontecimiento,* una mentira arropada bajo el manto de autenticidad, escondiendo bajo la movilización y militarización general (dirigidas siempre hacia un *Otro-que-supuestamente-goza*) el hecho de que en realidad la estructura de poder seguía intacta: en ese sentido, pese a las apariencias, no se había producido en ellos una auténtica "*contra-violencia estructural*".[309]

En este sentido, la violencia del poder estalinista "contra sus propios miembros" da prueba de cómo un régimen contra-revolucionario sólo podía asentarse mediante la purga total de los remanentes del momento revolucionario inicial. Es decir: una vez *cambiada* (en la Revolución de Octubre) *la estructura de poder,* toda reacción contra-revolucionaria necesita un *suplemento de violencia explícita* para mantenerse "y borrar las huellas de su traición".[310] No obstante, la "traición" debe *inscribirse* dentro de la revolución misma para poder contar con la adhesión del pueblo, y por eso genera su propio y particular modo ideológico de funcionamiento.

308. *The plague of fantasies,* p. 56-59
309. Cfr. *Violencia. Seis reflexiones marginales,* especialmente cap. 1. Zizek hace hincapié también en la dicotomía violencia objetiva/violencia estructural.
310. *The plague of fantasies,* p. 58

Hay una conexión aquí con lo que Zizek denomina, invirtiendo la expresión de Freud sobre la "neutralidad benévola" del analista, "la malévola neutralidad del espectador". Tanto en la (auto) censura puritana del Hollywood clásico, como en las fotografías privadas de los torturadores del ejército norteamericano o en los regímentes "totalitarios", los sujetos se ven impelidos a proteger la mirada de un imposible *gran Otro*; la mirada de este Otro es paradójica, porque su omnipresencia "acusmática" lo coloca en una situación de poder absoluto, si bien, simultáneamente, debe protegerse la "inocencia" de esa mirada a cualquier precio: debe mantenerse en la ignorancia, ajena al sentido de la escena que "presencia".[311] De este modo, lo que diferencia al poder "pre-moderno" de los regímenes totalitarios y capitalistas, es que, mientras el primero se basaba en la preeminencia de la creencia y una represión correlativa del acceso directo al goce, los segundos funcionan presentándose a sí mismos como agentes *supuestos-saber*; es decir, entidades que garantizan al sujeto que *saben aquello que realmente les causa goce*.[312] A esto hay que añadir que, tanto en las sociedades capitalistas como en la estalinista, esta mirada ignorante del gran Otro implica la connivencia de los sujetos: *saben muy bien* qué ocurre, por así decirlo, en escena, y sin embargo se distancian de ella. De nuevo, repite Zizek, la *distancia "irónica"* forma parte del juego ideológico.[313]

Tanto el nazismo, como el "socialismo real" (incluida la extinta Yugoslavia), por tanto, sí comparten un modo de autoridad *post-edípica* en la que ha sido superada la *Ley edípica* que separa al sujeto hablante de la substancia del goce. Dentro de esta nueva relación, los sujetos son *interpelados* por una identificación perversa entre el *lugar de la Ley y la Cosa* (en sentido lacaniano): el sujeto ya no opera mediante la *denegación fetichista* "clásica", porque el *objeto sublime ideológico* ha cambiado aquí de posición; ya no es es el cuerpo del Rey. En la modalidad "totalitaria",

311. *The Spectator's Malevolent Neutrality* (conferencia en Brunswick, 8-6-2004)
312. Sharpe, M. *Slavoj Zizek: A little piece of the real*, p. 57
313. *El sublime objeto de la ideología*, p. 55

el líder se coloca en un espacio desde el que *debe dar razones* de por qué debe liderar. Su autoridad no es "auto-referencial", sino que se legitima en términos de un meta-discurso que supuestamente da cuenta de la verdad "auténtica" de lo político. El líder "totalitario" no es *un sujeto que es, además de sujeto, soberano*: es un sujeto que se "objetualiza" al servicio del *gran Otro* que sirve de fundamento al discurso ideológico: "puede ser terrible, pero sólo hago lo que *debo* hacer".

En este sentido, Zizek especifica que el nazismo y el estalinismo "movilizan el goce" de modos fundamentalmente distintos. El régimen ideológico fascista es *paranoide*, mientras que, como hemos visto, el líder estalinista encarna la *perversión*, en la medida en que se coloca como objeto-instrumento del *goce del gran Otro*.

En el caso del capitalismo liberal, se trataría de una formación social esencialmente "histérica". La ideología del consumo promovida en el capitalismo tardío coincide con la emergencia de una subjetividad que ya no es interpelada por ningún discurso colectivo que justifique el sacrificio del *goce* de los individuos. Por el contrario, se apoya en un discurso, visible tanto en el *marketing* como en las "nuevas espiritualidades", que promueve el consumo de objetos como medio necesario en la persecución de la felicidad y auto-desarrollo. A finales de los años noventa, Zizek ya señalaba[314] que el líder paradigmático de las sociedades "tardo-capitalistas" se aproximaba más a la figura de Bill Gates, no un líder lejano y hierático, violento y obsceno, cercano al *Ur-Vater* freudiano, sino más bien una suerte de *vecino* o *hermano pequeño* (escondiendo precisamente su secreta dimensión de *Big Brother*), es decir, un líder "de bajo perfil", *tan cercano como un familiar*. En esto, las empresas multinacionales –esto es un rasgo claro del *Toyotismo*– han asumido el papel que antes desempeñaban el Estado e instituciones como partidos o sindicatos de masas en el imaginario colectivo, instituyéndose como la "nueva familia", o las nuevas "niñeras", más actualizadas y eficientes que los vetustos "*nanny-States*". Y sobre todo, "*más tolerantes*".

314. *Le spectre rôde tojours*, pp. 18-27

En resumen, si el tipo "totalitario" de *autoridad* no podía funcionar a menos que generase y gestionara un régimen de goce obsceno (perverso o paranoide) en los sujetos, para Zizek el *capitalismo tardío* interpela a estos no mediante un mandato despersonalizado y abiertamente autoritario, sino a través de la incitación a la búsqueda de autenticidad, hacia el disfrute individualizado de su propia vida más allá de la red de mentiras y convenciones que se ven abocados a experimentar en su vida cotidiana. Esto, para Zizek, no esconde otra cosa que un imperativo directo y culpabilizador: "*¡Goza! (y si no lo consigues, es culpa tuya)*".

Spinoza, "espinozismo" y consumismo capitalista

En *Tarrying with the negative* o *La revolución blanda*, Zizek mantiene que, como ya adelantamos más arriba, algunas de las tesis "espinozistas" de Deleuze y Guattari (o mejor dicho, del *deleuzianismo*, en parte contra Deleuze)[315] pueden leerse como el reflejo de la constelación ideológica actual.

La lectura clásica lacaniana, señala Zizek,[316] entiende el *panteísmo* espinoziano como una suerte de hipóstasis de la *cadena de significantes*, desprovista sin embargo del elemento que marcaría la incisión en la cadena "inscribiendo la prohibición, el *No*" que, a través del *significante-Amo* constituye la Ley simbólica. El "saber" espinozista "se define por la reducción de la deontología a la ontología, de la obligación al conocimiento racional, y en términos de la teoría de actos de habla, del *performativo* al *asertivo*".[317] Cuando Dios pronuncia su famosa prohibición en el Antiguo Testamento "No comerás la manzana del árbol de la sabiduría", esta prohibición es tal *solamente para la mente incapaz de comprender* la cadena causal que subyace a esta prohibición: una mente con tal capacidad la "entendería no como una

315. *La revolución blanda*, pp. 17-18
316. *Tarrying with the negative*, p. 216
317. *Tarrying with the negative*, p. 217

prohibición, sino como una mera aseveración del estado de cosas".

En definitiva, la percepción *sub specie aeternitatis* supone un deseable salto por encima de nuestra finitud constitutiva, una manera de *aprehender la cadena de fenómenos* en su lugar eterno dentro de la red simbólica universal; y es universal "precisamente porque no dispone del elemento excepcional que Lacan bautizó como 'significante-Amo': el elemento que clausura el campo ideológico al designar el *Bien supremo*".[318] Para Spinoza este elemento no sería sino un representante simbólico del vacío de nuestra ignorancia; Kant afirmará después la *imposibilidad constitutiva* de la posición epistémica capaz de reducir los *imperativos* a *asertivos*. La corrección que Zizek efectúa aquí a la lectura lacaniana es que esta "contemplación del universo *sub specie aeternitatis*" no es imputable a Hegel, sino precisamente a Spinoza: "una actitud alcanzable a través de la auto-aniquilación del sujeto", y en la que la totalidad, el universo en su conjunto, *se separa* del sujeto, autonomizándose como "un mecanismo autosuficiente" respecto al cual *los sujetos se ven liberados de toda responsabilidad*.

Es así como la era en que vivimos sería fundamentalmente "neo-spinozista" respecto a esta distancia de toda responsabilidad subjetiva; desde la "sociologización" de las causas del comportamiento delictivo, hasta la información "nutricional" de las etiquetas de consumo, que actuaría como una *garantía suplementaria del goce*.[319]

Otro aspecto comentado por Zizek es el del concepto de *imitatio affecti*; los individuos no forman una comunidad a través del reconocimiento mutuo; este reconocimiento, más allá del aislamiento "cartesiano" del *cogito*, se produce a través de la identificación afectiva, en la que las *pasiones* de los sujetos reverberan entre ellas, repitiéndose e intensificándose. El sujeto es aquí un mero *lugar pasivo*, un nodo en la gran red de afectos; la auto-percepción del sujeto como tal sólo acontece en la distor-

318. *Ibíd.*
319. *Ibíd.*, p. 218

sión, en la percepción confusa y parcial *merced a la cual ignora* la gran red de afectos y se considera como un conjunto completo y cerrado de estos; un ente autónomo y autosuficiente. Es en este sentido que el *sujeto postmoderno* sería espinozista; en la sociedad post-industrial del consumo los sujetos no son sino el nodo pasivo que es atravesado por una oleada de vínculos afectivos, reaccionando a aquellas imágenes que modulan sus pasiones, incapaz de ejercer control sobre los resortes de este mecanismo extra-subjetivo.

El capitalismo de consumo, por lo tanto, invierte ciertos dispositivos paralelos a aquellos centrales dentro de la ideología estalinista o fascista. Zizek señala que el bombardeo incesante de publicidad que afrontan los consumidores llegan de un Otro que no prohíbe el *goce*. La información que reciben de productos en realidad viene de instancias aparentemente preocupadas por garantizar que *esa tarea la ejerzan los propios sujetos*. Desde luego, la sociedad "permisiva-liberal" no apoya su imperativo implícito de *goce* en la amenaza de violencia en caso de desobediencia: el relato lacaniano describe precisamente cómo la ideología consumista, interpelando a los sujetos a través de un imperativo superyoico a gozar individualizadamente, en vez de adherir a ideales simbólicos.

El papel que juega el conocimiento en el aspecto "espinozista" del capitalismo actual tiene que ver también con cómo aquello a lo que apelan los publicistas no es sólo el conocimiento " de la ciencia occidental", sino también el de las fuentes "tradicionales" o "new age", en la medida en que lo importante es apelar a lo que los sujetos desean realmente, al "auténtico Yo de los individuos" más allá de las máscaras que la sociedad, definida como espacio propio de la *inautenticidad*, les impone.

En este sentido el capitalismo del *branding* y el *marketing* basado en las "experiencias vitales" más que en el producto, compra y vende *literalmente a los sujetos mismos*,[320] pero, al igual que en Disneylandia la *mentira escenificada* en el parque sirve para afianzar la sensación de lo que ocurre fuera es transparentemen-

320. Sharpe, M. *Slavoj Zizek: A little piece of the real*, p. 93

te "real",[321] Zizek apunta a que la *mercantilización de la vida íntima y cotidiana* de los sujetos tiene el efecto funcional de garantizarles que su *vida laboral no está mercantilizada*; es decir, que *como trabajadores* los sujetos *no son mercancías*. Dicho de otro modo, y para dar paso a la discusión posterior: su función ideológica es la de ocultar/reprimir *lo Real del antagonismo capitalista*: la lucha de clases.[322]

Una Teoría de la Ideología

Como mencionamos anteriormente, los problemas centrales a la hora de "actualizar" la *crítica de la ideología* son principalmente dos: la "inflación" del concepto de ideología, con la dificultad posterior de *delimitar* su alcance y hacer del concepto una herramienta efectivamente operativa para las ciencias sociales, y la problemática "epistémica" de la posición teórica desde la que "se juzga" lo ideológico, es decir, el "exterior" desde el que se construye la crítica. En el marco delimitado por estos dos problemas, el enfoque de Zizek plantea varios desplazamientos desde los que "poder mirar al sesgo", desde una nueva perspectiva, los fenómenos ideológicos.

En primer lugar el espacio privilegiado de análisis para la ideología ya no es "la conciencia" de los sujetos, sino que la mirada se desdobla ahora en dos espacios entrecruzados: el *inconsciente* y las prácticas sociales concretas o *relaciones materiales cotidianas*. En segundo lugar, el enfoque que propone Zizek amplía la atención, extendiéndola del ámbito puramente discursivo, hasta la relación de los sujetos con el *goce*.[323]

En un primer momento, podríamos resumir la propuesta de Zizek de la siguiente manera: de manera relativamente independientemente de la conciencia (falsa o verdadera) de los sujetos,

---

321. *El acoso de las fantasías*, pp. 119-120 n. 15. En la cita, Zizek está parafraseando a Baudrillard.
322. *Op. cit.*, p. 119
323. Cfr. Dean, J. *Zizek's politics*, pp. 8-16

la Ideología se reproduce *en las prácticas concretas* de los individuos, y se apoya en sus *creencias inconscientes*; la esfera que
engloba tanto a los sujetos, como sus discursos y prácticas concretas, sin embargo, es incompleta, o mejor dicho: es *no-Toda*.
Aquello que parece "faltar" es algo que el sistema social, político
y económico[324] no puede expresar; es el espacio negativo de su
"verdad", el *antagonismo fundamental* que compone lo más esencial de su estructura.

El gran otro de la *interpelación ideológica* para Althusser es
ahora el "postulado trascendental" operativo siempre en la relación entre los sujetos; el gran Otro, encarnado no sólo en los
aparatos ideológicos "clásicos", sino en las instancias a través de
las cuales el sujeto establece una relación de "autoridad", simultáneamente subórdinándose y distanciándose –a nivel consciente–
de ellas.

El primer problema mencionado anteriormente surge inmediatamente, pues se podría inferir de esta primera aproximación
que Zizek, al enlazar los factores que fundamentan la adhesión
de un sujeto al régimen político-económico con los mismos factores que (psicoanálisis mediante) dan cuenta de la misma constitución de los *sujetos hablantes* como tales, ha caído precisamente en esa "inflación" del concepto,[325] ocluyendo, además, toda
opción de cambio político. Su postura es aquí, sin embargo, la de
la "crítica inmanente de la ideología":[326] el "exterior" desde el que
se habla del gran Otro ideológico tiene que ver con su propio
estatuto: este, como ya sabemos, está constitutivamente fracturado, es en esencia inconsistente, y la "marca" de esta inconsistencia *contamina* todo el campo ideológico; lo distorsiona y "pliega",
dejándose vislumbrar, al sesgo, en cada uno de los antagonismos
explícitos que se dan dentro del sistema.

Por lo tanto, el problema al que Zizek intenta responder es la
redundancia de la noción clásica marxista de ideología en una
era de omnipresente cinismo: su respuesta es que las ideologías

---

324. Cfr. Kotsko, A. *Zizek and theology*, pp. 24-25
325. Sharpe, M. *Slavoj Zizek: A little piece of the real*, p. 54
326. La expresión es de Sharpe, *op. cit.*

tienen un alcance mayor de lo que permitía la noción clásica. Respecto al sujeto, la ideología lo captura principalmente en el nivel de sus creencias inconscientes, que son reproducidas más o menos automáticamente en sus rituales y comportamientos repetitivos. Respecto a la ideología misma, su mayor alcance se posibilita por los regímenes ideológicos de *goce* prohibido/permitido. La distancia cínica consciente de los sujetos respecto a los ideales y mandatos explícitos de la ideología oculta su *interpelación* más profunda por un imperativo superyoico de goce.

La noción lacaniana de *fantasía* permite comprender cómo funciona la interpelación ideológica: la teoría del discurso lacaniano señala la finitud de todos los sistemas simbólicos, incluyendo las ideologías hegemónicas; en estas la *fantasía fundamental* tiene la función psicológica de suplementar la percepción que los sujetos tienen de sí mismos, con un relato subyacente que ocluye su vacío constitutivo, del mismo modo que las ideologías deben recurrir a dispositivos discursivos que oculten también su propia finitud. La ideología no sería una ensoñación que los sujetos construyen para escapar de una realidad insoportable: es una construcción, una *fantasía* que sirve de base para la realidad misma, una ilusión *material* que estructura nuestras relaciones sociales auténticas, enmascarando así un núcleo Real-imposible, un antagonismo: una división traumática que no puede ser simbolizada. La función de la ideología no es el de ofrecer un punto de escape de nuestra realidad, sino *ofrecernos la realidad social misma como escape de su núcleo más profundo*.

Zizek resume algunos de estos aspectos con una referencia a la pieza para piano de Schumann, "*Humoresque*": esta pieza es una pieza de *acompañamiento*, pero la melodía vocal está silenciada, es decir, pese a estar incluida en la partitura como una línea más entre los dos pentagramas del piano, no debe ser cantada, sino más bien interpretada por el pianista: es lo que Schumann llama *innere Stimme*, "voz interior". Al sonar la pieza, se escuchan una serie de variaciones, un acompañamiento *sin la melodía principal*, que se intuye sólo a través de la interrelación entre los dos pentagramas del piano: su estatuto, continúa Zizek, es precisamente el de *Lo Real*: del mismo modo, el texto o práctica ideológica explícita se sostiene sobre una serie de *suplementos superyoicos* "silenciados".[327]

Al señalar el acto fundador "sin razón última", detrás de todo edificio semántico consistente, Zizek especifica que la Ideología no supone sólo "obediencia irracional"; es simultáneamente "racionalización", enumeración de una red de razones que enmascaran el hecho insoportable de que la Ley está fundamentada solamente en su propio acto de enunciación. Los tres modos de legitimar el ejercicio de la autoridad (autoritario, totalitario, liberal) no son sino tres modos de encubrir ante los sujetos el poder seductor del abismo del *significante-Amo* como "significante sin significado".

En esta enumeración de la red de razones que esconde la ausencia real de fundamento de las construcciones ideológicas hegemónicas, hay dos operaciones; la primera es la elevación de un "significante-Amo" que para los sujetos describe un objeto trascendente, sagrado o sublime (Dios, Rey, Partido, Nación, y desde luego, Mercado).[328]

El segundo dispositivo es el despliegue de uno o varios relatos fantasmáticos cuyo propósito es el de esconder la falta de fundamento del *Significante-Amo*, y por tanto la finitud del régimen ideológico. Respecto a la interpelación de los sujetos por un *gran Otro ideológico*, la fantasía del sujeto esconde la naturaleza arbitraria y contingente de su identificación; las razones que lo hacen "digno" de ser interpelado. La adscripción del sujeto a las fantasías superyoicas que subyacen a la autoridad simbólica representa el "sacrificio" que le garantiza que el Otro existe. En este sentido Zizek cree que la fantasía fundamental es siempre políticamente conservadora y ata al sujeto a los Aparatos ideológicos.

Como decíamos, las ideologías ocultan sus inconsistencias desplazando la causa de los fallos del sistema fuera de la comu-

---

327. *Concesso non dato*, With or without passion-Part II en Lacan.com, y retomado, en otro contexto, en *In Defense of Lost Causes*, pp. 321-324

328. Sharpe, M. *Slavoj Zizek: A little piece of the real*, p. 159

nidad política, haciéndolos parecer solventables en los términos de la ideología dominante.

Al identificar estos dispositivos ideológicos, Zizek intenta abrir el espacio para que los sujetos puedan "*atravesar*" el "principio de realidad" que las ideologías hegemónicas colocan para los sujetos. Puesto que su posicion sostiene que la ideología funciona a través de la estructuración no sólo de la comprensión simbólica de los sujetos, sino a través de la *fantasía fundamental*, las prácticas culturales *denegadas*, y en general mediante el modo en que organizan su acceso a lo Real del goce, la noción crucial de Zizek es la de "*atravesar la fantasía*".

Una crítica habitual dirigida a Zizek a este respecto es que devalúa la *fantasía*, reduciéndola a un obstáculo imaginario que debe ser "atravesado" en el proceso emancipatorio. En principio, hay que comprender la noción lacaniana de "atravesar la fantasía" como momento final de la terapia psicoanalítica: en principio se entiende que el psicoanálisis asume la tarea (ilustrada) de liberar a los sujetos de las fantasías que los apresan, ayudándoles a afrontar la realidad tal y como efectivamente es. Sin embargo *el propósito* de Lacan *no es este*: en la existencia cotidiana de los sujetos, estos se ven inmersos en una "realidad" estructurada y sustentada por la fantasía, y esta inmersión se ve perturbada por síntomas que dan testimonio del hecho de que otro nivel reprimido de su psique resiste a esta inmersión. *Atravesar la fantasía*, por lo tanto, implica paradójicamente identificarse plenamente con la fantasía, es decir, con la esa misma fantasía que da forma al *exceso que resiste a nuestra inmersión en la realidad cotidiana*. No es, por tanto, la adaptación pragmática a la realidad doméstica del día a día, sino lo opuesto.[329] *Atravesar la fantasía* implica mantener una relación más cercana con el *núcleo real de la fantasía*, que tiene un doble filo: "apacigua y desarma", pues proporciona un escenario imaginario que permite soportar el abismo del deseo del Otro.

En *El sublime objeto de la ideología*, se destaca que *lo Real* en la obra de Lacan encarna una serie de coincidencias de opuestos:

329. *Concesso non dato*

lo Real es tratado a menudo como la totalidad *dada de antemano* y previa al proceso de simbolización, en cuanto proceso que mortifica todo el cuerpo vivo, mientras que en otros lugares se adopta como nombre de la simbolización "que sobra", o que queda como residuo. Es la "plenitud" de la Cosa materna, substituido sin embargo por un vacío en la "realidad" ya constituida por lo simbólico, vacío alrededor del cual giran los intentos de simbolización del sujeto. Lo Real lacaniano es algo aparentemente invocado por los "objetos sublimes", que destacan por encima del mundo existencial del sujeto, aunque Lacan señala también que no tienen más consistencia que los objetos concretos que los encarnan (el ejemplo del "hamster" es uno de los más recurrentes en Zizek).

Los *objetos a*, como vimos, nunca se dan directamente; de hecho, aparecen *anamorfizados*; tanto el vampiro de los relatos de horror, como "el Judío" en la imaginería nazi no pueden aparecer a la luz del día, no pueden mostrarse directamente tal como son. Lo que indica esta anamorfosis es cómo las encarnaciones de *Lo Real* son esencialmente *engaños humanos*. No esconden otra cosa sino el hecho de que no hay nada que esconder: *no hay nada intrínsecamente* sublime *en un objeto sublime*; es un elemento perfectamente cotidiano que, de algún modo, ha acabado ocupando *el lugar de La Cosa*, el objeto (imposible) del deseo.

De este modo, *atravesar la fantasía* consistiría precisamente en la experiencia de tal inversión respecto del objeto de la *fantasía*: el sujeto debe pasar por la experiencia de cómo su presencia fascinante está solamente para enmascarar el vacío del lugar que ocupa.

Como comentamos más arriba, el problema que Zizek ve en la traducción del *antagonismo* en agonismo enmarcado en el juego regulado de la competición política (sobre todo según la teoría de Chantal Mouffe),[330] es que implica por definición una excepción constitutiva, y sería esta exclusión[331] lo que Laclau no

---

330. Cfr. Mouffe, C. *La paradoja democrática.*
331. *Irak, la tetera prestada* p. 127 y ss.

llega a desarrollar. Su análisis se ve limitado por la utilización de la diferencia y el antagonismo como nociones aplicables a todos los fenómenos sociopolíticos: como Laclau repite una y otra vez, todo agente político se encuentra entre dos extremos; no puede haber ni un antagonismo puro (eso implicaría la homogeneización del campo social y el cumplimiento "del sueño marxista vulgar de un momento final de la lucha de clases en el que caen todas las máscaras y solo hay Nosotros contra Ellos")[332] ni una diferencia pura, lo que implicaría un cuerpo social orgánico, cerrado, jerárquico y totalmente simbolizado.

Según Zizek esta manera de conceptualizar la situación oscurece el hecho de que en toda sociedad el antagonismo opera también excluyendo a una serie de sujetos del cuerpo social legítimo. Como vimos antes, la *exclusión* es el cuarto aspecto, la contradicción fundamental del capitalismo actual, y para resolverlo es necesario inscribir la lógica *democrática* de la inclusión al tratamiento del resto de contradicciones. Si para los sujetos *proletarizados* "su exclusión misma es el modo de su inclusión en el sistema", la lucha política principal por instaurar una *inclusión radical* (activar el momento de la Política con mayúsculas) pasa por un *cambio de base* que, como dijimos, se convierte en el objetivo de la *lucha de clases* en la práctica política comunista. Si en el discurso "antiesencialista" postmoderno de la multitud de luchas, la lucha anticapitalista "socialista" se presentaba como simplemente una más en una serie de luchas ("clase, sexo y género, identidad étnica"), lo que sucede hoy no es meramente que la lucha anticapitalista se esté haciendo más fuerte, sino que una vez más está asumiendo el papel estructurador central. "La vieja narrativa de la política postmoderna era: del esencialismo de clase a la multitud de luchas por la identidad; hoy, esta tendencia se ha invertido finalmente. Ya se ha logrado el primer paso: de la multitud de luchas por el reconocimiento, al anticapitalismo; a continuación viene el paso siguiente, el paso leninista hacia el anticapitalismo organizado políticamente".[333]

332. *Ibíd.*
333. *Irak. La tetera prestada*, p. 137

Epílogo, επι πραξης

Lo que vino está aún por venir

Como se ha visto, la posición de Zizek respecto a la democracia no está exenta de complejidades, incluida la serie de cambios que su postura ha experimentado a lo largo de los años; de hecho, comentaristas como Boucher o Sharpe hablan de un cambio sustancial del Zizek de los años noventa, "radical-democrático", al Zizek posterior a sus trabajos sobre Schelling y Lenin, partidario de una "política de vanguardia". En todo caso el hilo común está en una defensa del potencial emancipador de la democracia, como espacio de la "excepción universal", una apertura necesaria para pensar la *Política* desde un ámbito nuevo. El problema con la democracia liberal es que no cabe en ella la *universalidad*: el orden democrático-liberal, las llamadas "democracias avanzadas" del occidente capitalista, no pueden funcionar sin una frontera "exterior", más allá de fronteras geográficas o culturales; un espacio –por decirlo en palabras de Immanuel Wallerstein– separado del centro de la *economía-mundo* y protegido por grandes vallas económicas, que simbolizan una división también interna, entre los espacios socioeconómicos reservados a aquellos individuos *incluidos*, y vetados a los *excluidos*. Por esto Zizek defiende la profundización y superación de esta forma *fetichizada* de democracia: el análisis global estratégico de las circunstancias concretas debe determinar la dirección de este desarrollo y no verse dirigida por un supuesto *valor intrínseco supe-*

rior de una u otra formación histórica. En las grietas del capitalismo global emergen signos de esta *democracia por venir*, bajo la forma de *democracia directa* en Brasil o Bolivia, o formas nuevas de participación en internet que tienen la particularidad de reproducir debates y modalidades de la *democracia consejista*.[334]

Respondiendo a las críticas de Boucher, Zizek se plantea si en el movimiento anticapitalista global la "oscilación entre una defensa del bonapartismo presidencial y la comuna religiosa", lejos de ser su propia posición, no representaría los dos lados de una misma moneda; y si no será el "bonapartismo presidencial" la verdad auténtica de la democracia liberal. Ante esto, afirma, se impone la tarea opuesta: mantener un espacio abierto para una "comuna" de otro tipo.

Otro reproche incide en que Zizek, si bien intenta defender un compromiso concreto anticapitalista, nunca proporciona los contornos específicos de esta lucha, de modo que todo lo que haría es mantener una pose pura y formalmente radical, sin vínculo alguno con luchas reales. Este reproche proviene principalmente de Laclau: Zizek no estaría dando ninguna indicación de qué sería realmente una lucha anticapitalista, rechazando las luchas multiculturales, anti-sexistas y anti-racistas como no anticapitalistas, y no apoyando las demandas tradicionales de la izquierda, vinculadas con la economía: salarios más altos, democracia industrial, control del proceso de trabajo, distribución progresiva de la riqueza: "*No hay en Zizek ni una sola línea en la que de un ejemplo de lo que considera una lucha anticapitalista. A uno le queda la duda de si está esperando una invasión de seres de otro planeta*".[335]

Zizek replica que si él espera a los marcianos, Laclau "debe provenir de un extraño planeta venusiano":

> *En primer lugar, su equiparación ridícula de mi tesis sobre el "papel estructural" de la lucha de clases con la afirmación de que toda lucha emancipatoria válida debe ser "plena y directamente"*

334. *The universal exception*, p. 52
335. Laclau, E. *La razón populista*, p. 289 y ss.

anticapitalista: de un autor que escribió en abundancia sobre sobredeterminación uno esperaría que supiese lo que significa "papel estructural"; la lucha de clases es el "principio de articulación" sobredeterminador de la multitud de luchas emancipatorias, no su contenido directo. En mi libro sobre Lenin afirmo que en la constelación actual el objetivo principal no debería ser el anticapitalismo, sino el socavar el estatus fetichizado de la Democracia como significante-Amo.

[Respecto a] las formas de lucha emancipatoria: lejos de "animarnos a rechazar toda la variedad de luchas anti-sexistas, antirracistas, etc., el "papel estructural" de la lucha de clases funciona como un dispositivo que

1) permite dar cuenta de los cambios en el objetivo de las luchas emancipatorias (en mi opinión, el propio cambio desde el rol central de las luchas económicas clásicas de la clase obrera hacia la política identitaria del reconocimiento debe explicarse a través de la dinámica de la lucha de clases)

2) nos permite analizar y juzgar el contenido político concreto y apuestas de las diferentes luchas.

Mientras profesan su solidaridad con los pobres, los liberales codifican la guerra cultural con un mensaje de clase opuesto: a menudo, su lucha por la tolerancia multicultural y derechos de las mujeres marca la contraposición a la supuesta intolerancia, fundamentalismo y sexismo patriarcal de las "clases bajas". La paradoja aquí es que es el fundamentalismo populista el que mantiene esta lógica del antagonismo, mientras que la izquierda progresista sigue la lógica de reconocimiento de las diferencias, de "desactivación" de los antagonismos en diferencias coexistentes: en su forma, la política populista-conservadora se apropió de la posición clásica izquierdista de movilización popular y lucha contra la explotación de la clase dominante. No solamente deberíamos rechazar la suficiencia progresista contra los fundamentalistas populistas, deberíamos rechazar los propios términos de esta misma guerra cultural. Aunque, desde luego, respecto al contenido positivo de la mayor parte de los temas debatidos un izquierdista radical debería apoyar las posiciones progresistas (aborto, anti-xenofobia, anti-

homofobia), no se debe olvidar nunca que es el fundamentalista populista, no el progresista-liberal, el que es a largo plazo nuestro aliado. En su cólera, los populistas no están suficientemente enfadados, no son lo suficientemente radicales para percibir el vínculo entre capitalismo y la decadencia moral que deploran.[336]

Más allá de los términos de esa "alianza" ¿cuál es la posición del "izquierdista radical"? Zizek recuerda cómo en su libro *Logique des mondes* Alain Badiou elabora la *Idea eterna* de una política de justicia revolucionaria operativa desde los legistas chinos a través de los jacobinos hasta Lenin o Mao, y que consiste en cuatro momentos: el voluntarismo (la creencia en que uno puede "mover montañas", ignorando las leyes y obstáculos "objetivos"), el Terror (una voluntad despiadada de aplastar al enemigo del pueblo), la justicia igualitaria (su imposición inmediata y brutal, sin contemporización alguna con la "complejidad de las circunstancias", que supuestamente obligan a proceder gradualmente) y, en último lugar, la *confianza en el pueblo*. La clave, señala, está en la ambigüedad de este término final.

Si bien su postura relega el Terror estalinista como ajeno a todo nuevo proyecto político emancipador, como no podía ser de otra forma, esto no implica una defensa simple de la democracia y un rechazo *absoluto* del "totalitarismo comunista": Zizek subraya que hay un momento de verdad en él.[337] La lógica totalitaria postula una fractura que corta desde dentro al "pueblo". La línea de separación entre el líder "totalitario" y el analista lacaniano es delgada, casi imperceptible: ambos se colocan en el lugar del objeto a, como objetos de amor transferencial; la diferencia entre ellos es la diferencia entre el vínculo social perverso (en el que el perverso sabe lo que el Otro realmente quiere) y el discurso del analista que, al ocupar el lugar de *supuesto saber*, lo *mantiene* vacío.

Zizek expresa abiertamente que "no hay que tener miedo de la conclusión radical que se extrae respecto a la figura del líder:

---

336. *Concesso non dato*
337. *Ibíd.*

la democracia, como regla, no puede ir más allá de la inercia utilitaria y pragmática"; no puede suspender la lógica de la mera gestión. En consecuencia, continúa Zizek, ya que "no hay autoanálisis, puesto que el cambio analítico sólo puede darse a través de la relación transferencial con la figura externa del analista, es necesario un líder, que active el entusiasmo por una Causa" y lleve a cabo una "transubstanciación" en la identidad colectiva. No faltan pasajes en los que alternativamente ese "líder", lejos de figuras bonapartistas, es equiparado a la "comunidad", entendida en el sentido cristiano originario, o incluso al Partido Comunista, según la fórmula de Lenin en 1918, que proponía el cambio ante el "descrédito de la socialdemocracia" europea. En todo caso, este liderazgo adviene sobre un objetivo, sobre una estrategia política revolucionaria, pero, ¿qué es revolución?

El "Acto" de Lenin, siempre otra vez

El Acto es el momento de repetición del momento fundador de todo régimen político-ideológico; para ir delimitándolo, podríamos decir que es también un gesto que desborda la propia Ley que instituye: al hacerlo, se abre un espacio *eterno*, una repetición de todos los intentos fallidos o, si se quiere, un nuevo germinar de luchas y revueltas pasadas y enterradas, sedimentadas en la memoria colectiva.

Es en estos momentos donde la historia se abre, cuando Zizek ve la oportunidad de no sólo instituir un régimen político diferente, sin más, sino la posibilidad de una nueva *subjetividad*, construida sobre una "revolución cultural" auténtica (pues la "maoísta" fue para él, un desastre trágico), una radical transformación cultural que, en vez de "reeducar a los individuos", intente privarlos de toda ilusión en el "gran Otro", en el orden simbólico institucional.[338]

Se le ha criticado a Zizek el carácter "puramente abismal y decisionista" de su noción político-revolucionaria de Acto, un

338. *Repetir Lenin*, p. 120

momento que no se podría alcanzar por medio de ningún tipo de consideraciones estratégicas o contextuales. Zizek no niega que en todo *acto revolucionario auténtico* haya siempre un aspecto de "aventurerismo", de "salto al vacío". Si no, ante muchas de las circunstancias "objetivas" que se han dado en la historia, apenas se habría alzado ningún movimiento emancipador. Pero, señala[339] inmediatamente, "de la premisa de que en nuestra actuación no podamos apoyarnos en "leyes objetivas" que garanticen el éxito, *no se sigue que* los Actos acaezcan en un vacío donde *se suspende toda consideración estratégica*". Sin embargo, "la ruptura debe ser total", *también con el gran Otro simbólico* que sustenta en última instancia toda argumentación sobre las *condiciones objetivas*, sobre el "momento adecuado" para *Actuar*.

Este momento objetivo "no se autoriza sino a través de sí mismo", es el *Augenblick* de Lukács: el momento en el que se abre una efímera ventana dentro de una situación histórica. Zizek señala la conexión entre este *Augenblick* y el *Acontecimiento* para Badiou, y el modo en que ambos, si bien "emergen" de una situación objetiva, concreta y materialmente determinada, son en última instancia *irreductibles* a esta: en términos de la oposición *subjetivo-objetivo*, se puede argumentar que las razones de un fracaso ante el Acontecimiento pueden deberse a la situación objetiva, "pero, tras este *hecho*, hay otras decisiones y actos *subjetivos*, de modo que *nunca alcanzamos el nivel cero* de un estado de cosas puramente *objetivo*". El punto final, no obstante, no es el plano de lo objetivo, ni el de las "condiciones subjetivas", "sino la totalidad social, como el proceso de mediación global entre los aspectos subjetivos y objetivos".[340]

Es cierto, por lo tanto, que en toda situación hay *una Verdad*, pero no "una que pre-exista a la situación", por decirlo en términos de Badiou. La verdad debe ser producida por una elección, y aquellos que dan el paso de *elegir* se convierten en sujetos de aquella Verdad. El "Acontecimiento" o "Acto", es la toma de partido por ese proceso en el que *se hace una verdad*, un proceso,

---

339. *With defenders like these...*
340. *With defenders like these...*

como ya dijimos anteriormente, cuya autenticidad no tiene más garantía que su carácter de "*libertad-negatividad absoluta*", la promesa de mantener abierto el momento de libertad revolucionaria.[341] Por esto, la *fidelidad* al gesto de Lenin es *fidelidad a la diferencia mínima* entre una revolución y otra, la fidelidad a la singularidad del acontecimiento revolucionario, a su específica singularidad:

> *En los tiempos de esplendor del estalinismo, e incluso hasta 1962 (el XXII Congreso del PCUS, que llevó a cabo una condena pública más radical de Stalin), se podía ver en el lado superior izquierdo de cada número de Pravda un dibujo a modo de insignia que representaba los perfiles laterales de Lenin y Stalin. Después de 1962, con la "desestalinización", ocurrió algo bastante extraño: el dibujo no fue sustituido por un único dibujo de Lenin, sino por un dibujo duplicado de este: dos perfiles laterales idénticos de Lenin: ¿cómo cabe leer esta asombrosa repetición? La lectura que se impone por sí misma es, por supuesto, la que interpreta que la referencia al Stalin ausente fue conservada en esta obligación de repetir a Lenin. Si con anterioridad a la "desestalinización", la hagiografía oficial evocaba como un mantra a la banda de los cuatro estalinista ("Marx, Engels, Lenin, Stalin"), entonces, después de 1962, deberían haberse limitado a convertirlo en "Marx, Engels, Lenin, Lenin"... Sin embargo, hay otro enfoque, tal vez mucho más productivo: ¿y si la repetición de Lenin fuera el ejemplo primordial de la lógica de la sustracción, de la generación de la diferencia mínima?[342]*

De este modo, Repetir a Lenin implica distinguir entre los avatares políticos concretos en los que Lenin intervino "y el campo de posibilidades que inauguró"; la tensión entre los meros hechos registrados en los libros de historia, y la dimensión del campo de posibilidades "que estaba en Lenin".

341. Rothenberg, Molly Anne, *The excessive subject. A New Theory of Social Change*, p. 173
342. *Repetir Lenin*, p. 149

Así, en la medida en que "*Repetir Lenin es repetir no lo que HIZO Lenin, sino lo que NO LOGRÓ HACER, sus oportunidades PERDIDAS*",[343] este libro acaba poco más o menos en el comienzo: con Zizek interviniendo en un parque público de Nueva York, ante cientos de personas que, para *hacer algo nuevo* con sus palabras, las *repiten*.

---

343. *Repetir Lenin*, p. 156

Este libro habría sido materialmente imposible sin Francisco Ochoa, complicado de llevar a cabo sin José Bellido, Niccolò Malinverno y Simon Gros "Mariborchan", y francamente peor sin la ayuda de David Becerra. Además se enmarca en una aventura que yo no habría emprendido de no ser por Ignacio Castro, Jorge Alemán, Alexis Banylis, Mariví Gimbel, Jaime Aja, Eddy Sánchez e Iñaki Vázquez. Quedan todos exculpados.

De entre todos los lectores de Douglass, Rand, Canetti o Cervantes, estas páginas están dedicadas a Adela y Pepe, Pilar y Antonio.

Bibliografía

Libros de Zizek inéditos en castellano

Bolecina razlike [El dolor de la diferencia], Obzorja, Maribor, Eslovenia, 1972.

Znak, oxnacitelj, pismo: prilog materijalistickoj teoriji oznaciteljske prakse [Signo, significante y Letra: hacia una teoría materalista del significado], Mladost, Belgrado, 1976.

Zgodovina in nezavedno [Historia e inconsciente], Carkarjeva, Ljubljana, 1982.

Jezik, ideologija [Lenguaje, ideología], Ljubljana, 1987.

Druga smrt Josipa Broza-Tita [La segunda muerte de Josip Broz, Tito], editorial Drzavna zal. Slovenije, Ljubljana, 1989

Le plus sublime des hystériques: Hegel passe, Point hors ligne París, 1988
Der erhabenste aller Hysteriker, ed. Turia und Kant, Viena-Berlín, 1992
L'isterico sublime. Psicanalisi e filosofia, Mimesis, Milán, 2003.

(Editor) *Gestalten der Autorität: Seminar der Laibacher Lacan-Schule* [Formas de la autoridad: Seminario de la Escuela lacaniana de Ljubljana], Hora Verlag, Viena, 1991.

Tarrying with the Negative: Kant, Hegel, and the Critique of Ideology, Duke University Press, Durham, 1993.

(Editor, with Renata Salecl) *Gaze and Voice as Love Objects*, Duke Uni-versity Press, Durham, 1996.

The Indivisible Remainder: An Essay on Schelling and Related Matters, Verso, Nueva York, 1996.

(Editor) *The Abyss of Freedom*, University of Michigan Press, Ann Arbor, 1997.

(Editor, junto con Peter Weibel) *Inklusion, Exklusion: Probleme des Postkolonialismus und der globalen Migration* [Inclusión, exclusión: problemas del postcolonialismo y de la migración global], Passagen, Viena, 1997.

(Editor) *Cogito and the Unconscious*, Duke University Press, Durham, 1998.

Le spectre rôde tojours, Nautilus, París, 2002 (traducción de "The spectre is still roaming around. An introduction to the 150th anniversary Edition of The communist manifesto, Arkzin d.o.o-BastardBooks, Ljubljana-Zagreb, 1998.

"Burning the Bridges" en *The Zizek Reader*, Blackwell, Oxford, 1999.

On Belief, Routledge, Nueva York, 2001.

(Editor, junto a Molly Anne Rothenberg y Dennis Foster) *Perversion and the Social Relation*, Duke University Press, Durham, 2003.

Enjoyment within the Limits of Reason Alone, prólogo a la nueva edición de *For they know not what they do*, Verso, Londres, 2008.

Less than nothing. Hegel and the shadow of dialectical materialism, Verso, Londres, 2012

The year of dreaming dangerously, Verso, Londres, 2012

LIBROS PUBLICADOS EN CASTELLANO

El sublime objeto de la ideología, ed. Siglo XXI, México, 1992, trad. Isabel Vericat Núñez.

Todo lo que usted siempre quiso saber sobre Lacan y nunca se atrevió a preguntarle a Hitchcock, ed. Manantial, Buenos Aires, 1994, trad. de Jorge Piatigorsky.

¡Goza tu síntoma! Jacques Lacan dentro y fuera de Hollywood, ed. Nueva Vision, Buenos Aires, 1994, trads. Horacio Pons, Roberto Harari

La política de la diferencia sexual, Episteme, Eutopías, Valencia, 1996

Porque no saben lo que hacen. El goce como factor político, ed. Paidós, Buenos Aires, 1998, trad. Jorge Piatigorsky

Estudios Culturales. Reflexiones sobre el multiculturalismo, ed. Paidós, Buenos Aires, 1998,(con Frederic Jameson) trad. Moira Yrigoyen

El acoso de las fantasías, ed. Siglo XXI, México, 1999 (2012 trad. Francisco López Martín)

Mirando al Sesgo. Una introducción a Jacques Lacan a través de la cultura popular, ed. Paidos, 2000, trad. Jorge Piatigorsky.

El espinoso sujeto. El centro ausente de la ontología política, ed. Paidós, Buenos Aires, 2001, trad. Jorge Piatigorsky

El frágil Absoluto o ¿por que merece la pena luchar por el legado cristiano?, ed. Pretextos, Valencia, 200, trad. Antonio Gimeno

¿Quién dijo totalitarismo? Cinco intervenciones sobre el (mal) uso de una noción, ed. Pretextos, Valencia, 2002, trad. Antonio Gimeno

Cuspiera

Las metástasis del Goce. Seis ensayos sobre la mujer y la causalidad, ed. Paidós, Buenos Aires, 2003, trad. Patricia Willson

Contingencia, Hegemonía, Universalidad, ed. Fondo de Cultura Económica, Buenos Aires, 2003,(con Judith Butler y Ernesto Laclau, trads. Cristina Sardoy y Graciela Homs

Ideología. Un mapa de la cuestión, ed. Fondo de Cultura Económica, Buenos Aires, 2003 (Compilador), trads. Cecilia Beltrame, Mariana Podetti, Pablo Preve, Mirta Rosemberg, José Sazbon, Tomas Segovia e Isabel Vericat Núñez

Violencia en Acto. Conferencias en Buenos Aires, ed. Paidós, Buenos Aires, 2004, trad. Patricia Wilson

A propósito de Lenin, ed. Atuel/Parusia, Buenos Aires, 2004, trad. Sebastián Waingarten

Arriesgar lo imposible. Conversaciones con Glyn Daly, Trotta, Madrid, 2005, trad. Antonio Gimeno

Bienvenidos al desierto de lo real, ed. Akal, Madrid, 2005, trad. Cristina Vega Solís

La Revolución Blanda, ed. Atuel/Parusia, Buenos Aires, 2004, trad. Sebastián Waingarten

Repetir Lenin, ed. Akal, Madrid, 2004, trad. Marta Malo de Molina, Raúl Sánchez Cedillo

El títere y el enano. El núcleo perverso del cristianismo, ed. paidos, Buenos Aires, 2005, trad. Alcira Bixio

Amor sin piedad. Hacia una política de la verdad, ed. Síntesis, Madrid, 2005, trad. Pablo Marinas

La suspensión política de la ética, ed. Fondo de Cultura Económica, Buenos Aires, 2005, trad. Marcos Mayer

Visión de Paralaje, Buenos Aires, Fondo de Cultura Económica, 2006 trad. Marcos Mayer

Órganos sin cuerpo, Valencia, Pre-textos, 2006. trad. Antonio Gimeno Cuspinera

Lacrimae Rerum. Ensayos sobre cine moderno y ciberespacio, Debate, Buenos Aires, 2006,trad. Ramon Vilà Vernis

En defensa de la intolerancia, Sequitur, Madrid, 2007, trad. Antonio José Antón Fernández y Javier Eraso Ceballos

Cómo leer a Lacan, Paidós, Buenos Aires, 2008, trad. Fermín Rodríguez

Sobre la violencia. Seis reflexiones marginales, Paidós, 2009, trad. Antonio José Antón Fernández

El prójimo. Tres indagaciones sobre teología política, Amorrortu editores, 2010, trad. Cristina Piña

Lenin reactivado. Hacia una politica de la verdad, ed. Akal, 2010, trads.
Iria Álvarez Moreno / José María Amoroto Salido

En defensa de causas perdidas, Akal, 2011, trad. Francisco López
Martín

Primero como tragedia, luego como farsa, Akal, 2011, trad. José María
Amoroto Salido

Robespierre. Virtud y terror, Akal, 2011, trad. Juan María López de Sa
y Madariaga

Terrorismo y comunismo. Slavoj Zizek presenta a Trotsky, Akal, 2009,
Trads. Alfredo Brotons Muñoz / Equipo editorial

Filosofía y actualidad. El debate, Amorrortu editores, 2012, trad.
Cristina Piña

¡Bienvenidos a tiempos interesantes!, Txalaparta, 2012, trads. Virginia
Ruiz y Mauricio Souza

Viviendo en el final de los tiempos, Akal, 2012 trads. Luis Tornamira
Otero / Flora Ayuso Ferrera / José Alfonso Hernández Úbeda /
Marina Requero Martín / Alfonso Ruiz Escudero

ARTÍCULOS CITADOS

"OTAN, ¿la mano izquierda de Dios?"

"USA, el Waterloo de los liberales. ¡O finalmente buenas noticias
desde Washington!", publicado originalmente en *In These Times*, 5
de noviembre de 2004

"Disputations: Who are you calling anti-semitic?" en *The New
Republic*, 7 de enero del 2009

"¿Por qué los cínicos se equivocan?", diario *Clarín*, 2008

"Cogito, Madness and Religion", en lacan.com, 2007

EPÍLOGOS CITADOS

"Concesso non dato", epílogo al volumen colectivo *Traversing the fantasy*.

"With defenders like these, who needs attackers?", epílogo al volumen
colectivo *The Truth of Zizek*.

"An answer to two questions", epílogo del libro de Adrian Johnston

Badiou, Zizek, and Political Transformations: The Cadence of Change.

DOCUMENTALES

"Predictions of fire", 1996 TV Slovenia Arts Programs Production y Kinetikon Pictures escrito y dirigido por Michael Benson
"Zizek!", 2005, Zeitgeist Films, Canadá-EEUU, dirigido por Astra Taylor
"The Pervert's guide to cinema", 2006, OneStar-Mischief-Amoeba Films, Reino Unido-Austria-Países Bajos, dirigido por Sophie Fiennes
"Examined Life", 2008, Sphinx, Canadá, dirigido por Astra Taylor
"Liebe dein Symptom wie Dich Selbst!" documental dirigido por Claudia Willke Katharina y Höcker, 1996

CONFERENCIAS, ENTREVISTAS, DEBATES

[En muchos casos los detalles del evento han sido imposibles de rastrear. De continuar en la red, deberían ser fácilmente encontrables en una búsqueda con los títulos aquí referidos]
"On Belief and otherness", en la European Graduate School, 2002.
"Zizek o interwencjach zbrojnych NATO i USA" en youtube.com, mayo de 2009.
Debate con Steven Lukes, 3 de octubre de 2008
"Great Minds: Slavoj Zizek" Conferencia IntelligenceSquared del 1 de julio de 2011
The Spectator's Malevolent Neutrality (conferencia del 8 de junio de 2004, en Brunswick)
"Zizek at Tegenlicht", TV holandesa, 5 de enero de 2010, y "On the Idea of Communism", Conferencia 13 de marzo de 2009
"Free will, ideology and fantasy", Entrevistado por Silfur Egils en TV islandesa, 2008
"States and empires", conferencia en Turquía del 28 de enero de 2012
"On Belief and otherness", en la European Graduate School, 2002.
Zizek en Roda Viva, entrevista en Brasil, 15 de octubre de 2008.
Congreso *Puissances du communisme*, febrero de 2010
Congreso *On the Idea of communism*, marzo de 2009

"Slavoj Zizek. Call to Protest", entrevista para DeutscheWelle del 2 de enero de 2012

Entrevista de Aleksandar Stankovic para la televisión croata, en el programa Nedjeljom u 2, 13 de mayo de 2012.

"Rules, race and Mel gibson", conferencia en EGS de enero de 2006

"The ignorance of chicken. A debate with Cornel West". Conferencia en Princeton del 10 de octubre de 2005

"Notes towards a definition of communist culture", masterclass celebrada en el Birkbeck College de Londres, del 15 al 19 de junio de 2009.

"Zizek talks about EGS" Entrevista de Wei Chan and Christian Haenggi y para la European Graduate School, finales de 2006.

"Slavoj Zizek, Judith Butler and Larry Rickels on EGS", enero de 2006

"Is it possible to be a Hegelian today?" conferencia en la Universidad de Buffalo, 22 de octubre de 2009.

"Zizek at Portaniassa", conferencia en Finlandia (¿Oulu?) del 30 de noviembre de 2009

"Love without mercy", charla en Deitch Projects, NY, 10 de marzo del 2003

BIBLIOGRAFÍA SECUNDARIA

Agirre Aranburu, X. *Yugoslavia y los ejércitos*, La Catarata, Madrid, 1997

Cox, John K. *Slovenia: evolving loyalties*, Routledge, Nueva York, 2005

Clarke, P. *More Total Than Totalitarianism: The Strategy Of Neue Slowenische Kunst*, 1997. Tesis accesible online en http://homepage. tinet.ie/~peterc/a/nsk.html

Dean, J., *Zizek's Politics*, Routledge, Nueva York, 2006

Guanzini, I., *Lo spirito è un osso. Postmodernità, materialismo e teologia in Slavoj Zizek*, Citadella, 2010

Johnston, A., *Zizek's Ontology: A Transcendental Materialist Theory of Subjectivity*, Northwestern University Press, 2008

Johnston, A., *Badiou, Zizek, and Political Transformations: The Cadence of Change*, Northwestern University Press, 2009

Kay, S. *Zizek: A Critical introduction*, Blackwell, Oxford, 2003

Kotsko, A. *Zizek and theology*, Continuum, 2008

Moati, R. y de Calan, R., *Zizek. Marxisme et psychanalyse*, PUF, Paris, 2012

Malinverno, N. *Dall' immaginario all'ideologia nel pensiero di Slavoj Zizek*, Università degli studi di milano, Facoltà di lettere e filosofia, Elaborato Finale Laurea in Filosofia, 2008.

Pound, M., *Zizek a (Very) Critical Introduction*, Eerdmanns, Amsterdam, 2008.

Sharpe M., *Slavoj Zizek: A little piece of the real*, Ashgate, Cornwall, 2004.

Taylor Paul A. *Zizek and the Media*, Polity Press, Cambridge 2010

Rothenberg, Molly Anne. *The excessive subject. A New Theory of Social Change*, Cambridge 2010

Sharpe, M, y Boucher, G., *Zizek and politics, a critical introduction*, Edinburgh University Press, 2010.

Parker, I. *Slavoj Zizek : a critical introduction* (Modern European thinkers), Pluto Press, Londres, 2004

Wood, K., *Zizek, a reader's guide*, Wiley, 2012

VVAA, *Critiques de l'ideologie*, Actuel Marx n° 43, 2008

VVAA, *Yugoslavia in Turmoil*, (Simmie, J. y Dekleva, J., eds.), Pinter Publishers, Londres 1991

VVAA, *The Truth of Zizek*, (Bowman, P., y Stamp, R., eds.), Continuum, 2007

VVAA, *Traversing the fantasy*, (Boucher, G., Sharpe, M., Glynos, J., editores), Ashgate, 2006

ARTÍCULOS

Wilkinson, Roy, "Laibach: Springtime for Hitler?", *Select* n°. 53, Novem-ber, 1994, pp 58-61

Boynton, R. "Enjoy your Zizek!: An excitable Slovenian philosopher examines the obscene practices of everyday life including his own" en *Linguafranca: The Review of Academic Life*, 7, 1998.

Jean Jacques Lecercle,"The sublime object of ideology" *Radical Philosophy*, n°.57, 1991

Nora Catelli "El pensamiento crítico de Raymond Williams a Slavoj Zizek" *Cuadernos hispanoamericanos*, ISSN 0011-250X, n° 632, 2003, págs. 81-88

Claudia Cinatti "Una reflexión sobre la producción de subjetividad revolucionaria"

Vicenç Navarro, Juan Torres y Alberto Garzón
Hay alternativas

Adoración Guamán y Héctor Illueca
El huracán neoliberal

Daniel Bensaïd
La sonrisa del fantasma

Roberto Viciano *et al*
Por una asamblea constituyente

Harold Laski
Los peligros de la obediencia

Josep Maria Antentas y Esther Vivas
Planeta indignado

Marcos Roitman
Democracia sin demócratas, y otras invenciones

Michael Oakeshott
La actitud conservadora

Paul Barry Clarke
Ser ciudadano, conciencia y praxis

Georg Simmel
El pobre

Slavoj Zizek
En defensa de la intolerancia

Karl Marx
Las crisis del capitalismo

Jonathan Swift
El arte de la mentira política

Juan Torres y Alberto Garzón
La crisis de las hipotecas basura

Georg Simmel
El conflicto, sociología del antagonismo

Werner Sombart
Lujo y capitalismo